汽车认证标准与法规

主　编　蒋　颜
副主编　林凤功　安　宏　张　燕
　　　　余元强
参　编　陈自兵　杨干中　姚　迪
主　审　张　健

北京理工大学出版社
BEIJING INSTITUTE OF TECHNOLOGY PRESS

内 容 简 介

本书为汽车认证类标准与法规主讲教材，是根据“十三五”人才培养目标，归纳近年来国家汽车行业认证管理模式、企业实际状况与实践，参照当前有关技术法规标准编写而成的。全书内容共分十个部分，分别介绍了汽车认证标准与法规概论、道路机动车辆生产企业及产品公告管理、机动车强制性产品认证（3C认证）管理、国家环保达标车型型式核准管理、道路运输车辆燃料消耗量达标车型管理、机动车辆产品合格证管理、缺陷汽车产品召回管理、轻型汽车燃料消耗量标示管理、乘用车企业平均燃料消耗量管理、新能源汽车免征购置税管理、节约能源、使用新能源车船车船税管理、2016—2020年《新能源汽车推广应用工程推荐车型目录》补贴管理。以上管理内容基本涵盖了与汽车生产企业认证申报、补贴申报等政策相关的工作内容。

对于强制性标准以及部分规范性文件的具体内容，本书不做具体介绍，另做单独教材介绍学习。

本书可作为汽车类专业及汽车类相关企业认证人员的培训教材。

由于国家政策、标准法规在不断更新、调整，本书也应做相应调整。

图书在版编目（CIP）数据

汽车认证标准与法规／蒋颜主编. —北京：北京理工大学出版社，2017.1（2023.5重印）

ISBN 978-7-5682-3523-5

Ⅰ.①汽…　Ⅱ.①蒋…　Ⅲ.①汽车-认证-标准-中国②汽车-认证-法律-中国　Ⅳ.①U46-65②D922.292

中国版本图书馆CIP数据核字（2016）第326957号

出版发行／北京理工大学出版社有限责任公司
社　　址／北京市海淀区中关村南大街5号
邮　　编／100081
电　　话／（010）68914775（总编室）
（010）82562903（教材售后服务热线）
（010）68944723（其他图书服务热线）
网　　址／http：//www.bitpress.com.cn
经　　销／全国各地新华书店
印　　刷／三河市天利华印刷装订有限公司
开　　本／787毫米×1092毫米　1/16
印　　张／13
字　　数／305千字
版　　次／2017年1月第1版　2023年5月第5次印刷
定　　价／34.00元

责任编辑／王俊洁
文案编辑／王俊洁
责任校对／周瑞红
责任印制／马振武

编 委 会

主　　编　蒋　颜

副主编　林凤功　安　宏　张　燕　余元强

参　　编　陈自兵　杨千中　姚　迪

主　　审　张　健

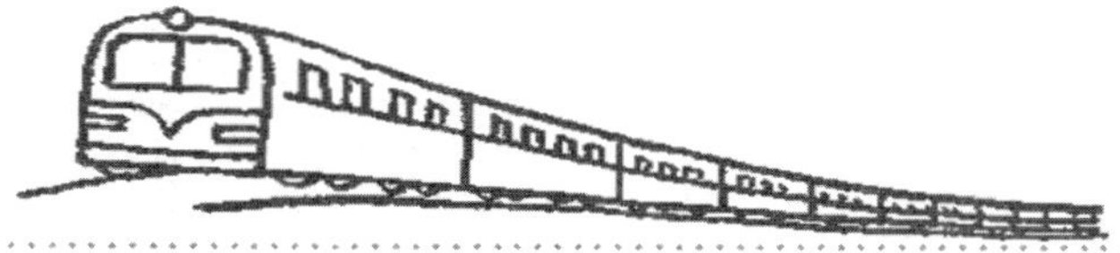

前言

PREFACE

我国汽车行业的发展日新月异，行业管理模式、宏观政策法规、标准不断调整、更新、细化。为满足各科研院所、学校、企业相关人员对汽车行业管理、标准法规的了解需求，湖北工业职业技术学院组织教师编写了本书。

在教材的编写过程中，考虑到汽车生产企业对人才的需求，我们力求使学校、企业无缝对接，帮助学生提升就业能力，同时，本教材可作为企业相关工程技术人员、标准化法规人员、认证申报人员工作、学习的参考工具书。本教材尽可能将目前企业所面临的汽车认证行业管理、执行的标准法规归纳总结起来，分十章分别介绍了汽车标准与法规概论、道路机动车辆生产企业及产品公告管理、机动车强制性产品认证（3C 认证）管理、国家环保达标车型型式核准管理、道路运输车辆燃料消耗量达标车型管理、机动车辆产品合格证管理、缺陷汽车产品召回管理、轻型汽车燃料消耗量标示管理、乘用车企业平均燃料消耗量管理、新能源汽车免征购置税管理、节约能源、使用新能源车船车船税管理、2016—2020 年《新能源汽车推广应用工程推荐车型目录》补贴管理等方面的内容。

本书具有以下特点：

1. 本书的作者都来自教学一线，同时具有多年的企业、汽车行业工作经验，本着实际、实用的原则编写。

2. 本书在内容上尽可能概括目前汽车生产企业面临的产品满足市场销售的前提要求、申报要求。内容尽可能通俗易懂。

3. 本书可作为汽车类专业及汽车类相关企业技术、标准法规人员、认证申报人员的培训教材，也可作为科研院所的参考工具书。

本书由蒋颜担任主编，由林凤功、安宏、张燕、余元强担任副主编，由陈自兵、杨干中、姚迪参编，由张健担任主审。

本书的编写得到了北京理工大学出版社以及参编院校领导的大力支持，在此表示衷心感谢。

本书涉及范围较广，内容较多，由于编者水平有限，难免存在疏漏之处，恳请广大读者给予批评指正。

编　者

2016. 6. 1

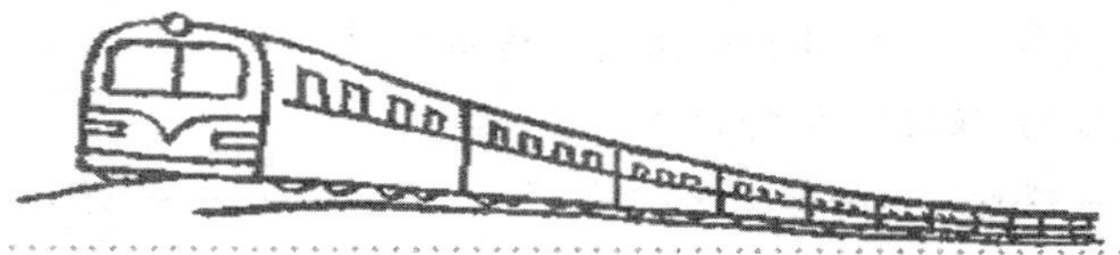

目录

CONTENTS

第一章

汽车认证标准与法规概论

1.1 汽车行业背景、状况

1.1.1 汽车产销量

进入 21 世纪，私人汽车开始迅速进入家庭，我国汽车市场快速增长，2009 年，汽车产销量 1 300 万辆；2015 年，突破 2 400 万辆，我国连续七年成为世界第一汽车产销大国。

截至 2015 年年底，全国机动车保有量达 2.79 亿辆，其中汽车 1.72 亿辆，我国共有整车生产企业 177 家，专用车生产企业近千家。企业数量还在不断扩大，尤其是专用车企业。汽车产业链正逐步向汽车服务业延伸，研发能力逐步提高，汽车后市场日益壮大。

1.1.2 机动车交通事故

截至 2015 年年底，机动车驾驶人 3.27 亿人，其中汽车驾驶人超过 2.8 亿人。据不完全统计，2015 年全国涉及人员伤亡的道路交通事故 21.9 万起，造成 6.5 万人死亡、25.4 万人受伤，直接财产损失 9.3 亿元。较 2014 年虽在事故总数、死亡人数、受伤人数、直接财产损失四项指标上有不同程度的下降，但交通事故死亡人数已连续多年高居世界第一。可见，当前我国道路交通安全形势依然严峻，管理要求任务艰巨。

1.1.3 产品质量状况

汽车产品质量贯穿于零部件、研发、采购、生产、检验、试验、销售、售后、回收利用等全系列、全过程。关系到人民的生命、财产、健康安全，不能有丝毫的疏忽大意。近年来，导致缺陷汽车产品召回和引发三包争议的事件不断。2016 年 1 月至 7 月 28 日，我国共实施缺陷汽车产品召回 103 次，涉及车辆达到 881.82 万辆。自 2004 年缺陷汽车产品召回制度实施至 2016 年 7 月，我国已累计实施汽车召回 1 198 次，涉及车辆已达到 3 417.26 万辆。召回问题集中体现以下几个方面：

（1）气囊和安全带问题。召回 29 次，涉及数量最多，为 487.56 万辆。

（2）发动机问题。召回 14 次，涉及数量 224.73 万辆。

（3）车身问题。召回 18 次，涉及数量 75.46 万辆，位居第三位。

另外，还有很多汽车产品质量事故，尤其是商用汽车、自主品牌汽车质量事故并未体现在召回事故中，我国汽车产品质量状况不容乐观，离汽车强国、质量强国还有较远的距离。

1.1.4 我国汽车行业管理特点

汽车产业是国民经济重要的支柱产业，产业链长、关联度高、就业面广、消费拉动大，在国民经济和社会发展中发挥着重要作用，同时，汽车产品与人民的生命、财产、健康安全高度关联，政府主管部门对汽车行业管理高度重视，同时也有多方利益的驱动。正因为如此，造成了我国汽车行业管理的复杂性和中国汽车产业的独特性。

目前，政府对汽车行业的管理主要有以下内容，见表1－1。

表1－1 政府对汽车行业的管理内容

政府主管部门	地方主管部门/执行、指定机构、第三方机构	主管内容
国家发改委	省发改委	新建企业投资立项审批
国家工业和信息化部	省经信委	企业准入、产品准入
国家工业和信息化部	中机车辆技术服务中心	《道路机动车辆生产企业及产品公告》管理
国家质量监督检验检疫总局（AQSIQ） 国家认证认可监督管理委员会（CNCA） 各地质检两局（省质检/省出入境检）	指定的认证机构（CQC、CCAP等） 指定的检测机构 指定的检查机构 指定的标志发放管理机构	《CCC强制性产品认证》管理
公安部	各地车管所	机动车辆上牌
交通运输部	交通运输部汽车运输节能技术服务中心	《营运车辆燃料消耗量》管理
中华人民共和国环境保护部	机动车排污监控中心申报办公室	《国家环保达标车型目录》管理
国家工业和信息化部	中机车辆技术服务中心	《合格证》管理
国家税务总局 国家工业和信息化部	地方税务办事机构 中国汽车技术研究中心数据资源中心 中机车辆技术服务中心	《车辆购置税》《新能源车免征购置税》《车船税》
国家质检总局	缺陷汽车产品召回管理中心	《汽车产品召回》管理

续表

政府主管部门	地方主管部门/执行、指定机构、第三方机构	主管内容
国家工业和信息化部	中国汽车技术研究中心数据资源中心	《轻型汽车燃料消耗量标示》管理
国家工业和信息化部	中国汽车技术研究中心数据资源中心	《乘用车企业平均燃料消耗量》管理
国家工业和信息化部 财政部	中机车辆技术服务中心	2016—2020 年《新能源汽车推广应用工程推荐车型目录》补贴管理

1.2 贯彻执行汽车认证标准与法规的重要性

1.2.1 在校学生学习汽车认证标准与法规的重要性

学习汽车认证标准与法规，能够全方位、多角度地了解我国汽车行业管理的特点。在高校开展学习，能够让学生提前对汽车行业管理、标准法规、汽车产品的销售条件有初步的认识，让学生毕业后及早进入工作状态，缩短实习时间，受到企业领导层的早期重视。同时，提升高校与工厂的无缝对接水平，综合提升学生的专业素质。

1.2.2 企业学习、贯彻汽车认证标准与法规的重要性

汽车认证标准与法规是汽车产品管理法制化和科学化，汽车生产、销售和使用正规化的重要保证。学习、贯彻好标准与法规，使汽车企业开发新产品有目标、有方向，避免盲目性、少走弯路。

涉及的企业相关工作人员有：设计开发人员、企业标准化工作人员、质量管理与检验技术员、试验技术员、检测机构工作人员、技术评估人员、销售服务人员、破解技术壁垒的人员等。企业需符合我国汽车行业管理的特点，在工作中认真贯彻执行汽车认证标准与法规，熟悉标准内容、熟悉流程要求、熟悉管理要求，才能使所开发的新产品满足市场销售条件。

1.2.3 贯彻执行汽车认证标准与法规对社会有重要影响

学习贯彻执行汽车认证标准与法规，能从源头普及、增强社会上人们使用车辆的法规意识，并能有效减少车辆事故发生率；有利于政府、行业主管部门建立平台、统一执法，创造公平竞争环境，使汽车生产企业能站在同一平台上公平竞争，提升车辆的产品品质，促进技术进步。学习、贯彻好汽车标准与法规，也能打破贸易技术性壁垒。

1.3 汽车认证标准与法规的定义及分类

1.3.1 汽车认证标准与法规的定义

一、标准的定义

标准是指为在一定范围内获得最佳秩序，对活动或其结果规定共同的和重复使用的规则、导则或特性的文件。该文件经协调一致制定并经一个公认机构批准。

二、标准的分类

（1）标准按级别来划分，可分为国家标准、行业标准、地方标准、企业标准。

（2）按性质来分，可分为强制性标准、推荐性标准。

本教材讲解的标准主要涉及安全、环保、节能、防盗标准，是政府主管部门强制执行的认证要求。

三、技术法规的定义

技术法规是规定技术要求的法规，直接规定或引用或包括标准、技术规范或规程的内容并提供技术要求的法规。本教材所涉及的法规主要包括行业主管部门、指定技术服务机构发布的政策法规要求、技术规范性要求、技术审查要求、流程要求等文件。

1.3.2 汽车认证标准与法规的分类

由于行业管理部门较多，为方便读者学习及使用，本教材按行业管理特点对认证标准与法规进行分类，分为《道路机动车辆生产企业及产品公告》类、《机动车强制性产品认证(3C 认证)》类、《国家环保达标车型型式核准》类、《道路运输车辆燃料消耗量达标车型核准》类、《机动车产品合格证》、《缺陷汽车产品召回》、《轻型汽车燃料消耗量标示》、《乘用车企业平均燃料消耗量》、《新能源汽车免征购置税》、《节约能源　使用新能源车船车船税》、2016—2020 年《新能源汽车推广应用工程推荐车型目录》补贴等。

习题

1. 我国汽车行业管理的特点是什么？
2. 汽车产品推向市场，需要满足哪些认证条件？
3. 学习汽车认证标准与法规的必要性有哪些？
4. 什么是标准？标准的分类如何？
5. 什么是技术法规？

第二章

《道路机动车辆生产企业及产品公告》管理

2.1 《道路机动车辆生产企业及产品公告》的历史发展及主要作用

2.1.1 《道路机动车辆生产企业及产品公告》的历史沿革

1980—2001 年，政府主管部门对汽车生产企业及产品实行《目录》制管理，只有在《目录》中发布的企业及产品，才能上市销售。最早由机械部、交通部、公安部联合发布产品《目录》，期间经历了三部门发布、两部门发布、一个部门发布（相关部门认可）的过程。汽车主管部门（一机部、机械委、中汽联、中汽总公司、机械部、机械局）也多次变化。按当时的说法通俗地讲，汽车整车企业（有底盘资格企业）是国家队，改装车企业是地方队。

2001 年，国务院机构改革，国家经贸委主管，实行《道路机动车辆生产企业及产品公告》（以下简称《公告》）管理。

2003 年，国务院机构改革，国家发改委承接《公告》管理。

2008 年，国务院机构改革，国家工业和信息化部承接《公告》管理。

在政府机构改革调整中，汽车生产企业及产品管理由相关产业主管部门承担，截至目前（2016 年 9 月）已经发布 287 批《公告》，平均每月发布一批，每批包含新产品、扩展产品、变更产品、勘误产品、暂停产品、撤销产品、恢复产品。其发布的车型及技术参数作为公安部车管部门上牌的主要依据。

2.1.2 《公告》的主要作用

一、《公告》管理作为重要的行业管理模式之一，为其他管理模式、管理部门、管理系统、管理环节提供了重要的政策、技术、数据支撑

（1）与《公告》相关管理的衔接见表 2－1。

表 2－1　与《公告》相关管理的衔接

序号	与《公告》相关管理的衔接	说明
1	车辆产品的注册登记	是公安部车管所给车辆上牌的首要依据，是公告管理的主要职能之一

续表

序号	与《公告》相关管理的衔接	说明
2	3C、交通、环保	与汽车行业其他管理模式相互补充；数据、资源借鉴、共享；齐抓共管
3	车辆税费政策	为税务总局税务政策的制定、实施提供资源、支持依据
4	工商、质检、执法	为相关执法部门执法提供技术、资源支持依据
5	诉讼、仲裁、刑侦、事故	同上

（2）与《公告》相关衍生的系统见表2－2。

表2－2　与《公告》相关衍生的系统

序号	与《公告》相关衍生的系统	说明
1	新能源汽车目录	《公告》后续管理
2	车辆购置税减免申报系统	《公告》后续管理、衔接
3	国税总局计税系统	《公告》后续管理、衔接
4	车辆企业生产经营许可系统	企业管理系统
5	机动车出厂合格证系统	《公告》后续管理、衔接
6	公告数据库系统	《公告》数据申报及管理系统
7	合格证数据库系统	合格证打印机上传信息系统
8	汽车材料数据系统（CAMDS）	汽车零部件材料、有毒有害、禁用物质申报及数据管理

（3）与《公告》相关部门的衔接见表2－3。

表2－3　与《公告》相关部门的衔接

序号	与《公告》相关部门的衔接	说明
1	相关产业管理部门	与相关管理部门对政策的调研、制定提供技术支持，衔接
2	车辆注册管理部门	
3	车辆使用与运输管理部门	
4	车辆消费政策部门	

续表

序号	与《公告》相关部门的衔接	说明
5	汽车服务业管理部门	与相关管理部门对政策的调研、制定提供技术支持，衔接
6	车辆税费政策部门	
7	二手车消费政策部门	
8	再制造、车辆报废与回收利用政策管理部门	

（4）与《公告》相关管理环节的衔接见表2－4。

表2－4　与《公告》相关环节的衔接

序号	与《公告》相关环节的衔接	说明
1	用户购车的指导环节	为用户购车提供政策依据上的指导
2	部队、公安等列装、选车型环节	提供依据

二、企业准入/许可、产品审查/许可的必要条件

企业进入汽车生产领域，首先需获得准入资格许可，才能生产汽车产品，这是企业准入（有些项目还需先进行项目的核准/备案，通过后才能进行企业准入审查，在后面的章节中详细讲解）；汽车生产企业研发的产品需进行产品审查许可，才能上市销售，这是产品准入。

企业准入/许可完成的内容见表2－5。

表2－5　企业准入/许可完成的内容

序号	企业准入/许可完成的内容
1	企业投资项目批准/备案
2	企业建设完成、投产前审查
3	企业组织经营情况变化的审查
4	企业能力条件变化的审查
5	企业增加产品类别、品种的审查

产品审查/许可完成的内容见表2－6。

表2－6　产品审查/许可完成的内容

序号	产品审查/许可完成的内容
1	新产品申报、检验、审查
2	产品扩展的审查
3	产品变更的审查

续表

序号	产品审查/许可完成的内容
4	产品勘误的审查
5	产品公示、核查、复查
6	产品暂停、撤销

三、授权检验机构和中介机构

《公告》规定，由主管部门授权各国家级检验机构其职责、检验能力、条件。

（一）目前国家级的检验机构

包括国家轿车质量监督检验中心（机构代号 A）、国家汽车质量监督检验中心（机构代号 B）、国家汽车质量监督检验中心（襄阳）（机构代号 C）、国家机动车质量监督检验中心（重庆）（机构代号 D）、国家客车质量监督检验中心（机构代号 E）、国家消防设备质量监督检验中心（机构代号 F）、国家工程机械质量监督检验中心（机构代号 G）、清华大学汽车安全与节能国家重点实验室（机构代号 H）、国家机动车产品质量监督检验中心（上海）（机构代号 M）9 家。

经工信部许可的试验场有：海南汽车试验场、襄阳汽车试验场、定远汽车试验场、北京通县汽车试验场、长春农安汽车试验场、中汽中心盐城汽车试验场、长城汽车股份有限公司试验场、孝感汽车试验场等。

（二）授权中介机构

目前中介机构为中机车辆技术服务中心，其负责组织专家对汽车产品申报进行审查、协调、沟通，并上报主管部门。

《公告》授权成立专业技术机构、专家委员会/技术委员会，并对其认可，负责对技术疑难问题进行分析、解决。

四、生产一致性管理

《公告》规定，由指定机构对汽车生产企业实际生产过程中的一致性进行监管，确保“五个一致”，即公告中的车型，实际生产的车型，型式试验合格样品，合格证信息，合格证上传信息中的技术参数、配置、性能指标一致。目前技术管理归口机构为中机车辆技术服务中心一致性监督管理部，一致性管理的内容见表 2－7。

表 2－7　生产一致性管理的主要内容

序号	生产一致性监督管理的主要内容
1	企业生产经营活动的管理
2	产品一致性的管理
3	产品出厂合格证的管理
4	企业监督与产品抽查
5	产品问题的处理
6	企业问题的处理

五、对于汽车企业、汽车新车型、汽车新产品进行管理

为更方便理解，用图表方式解析，见图 2－1 和图 2－2。

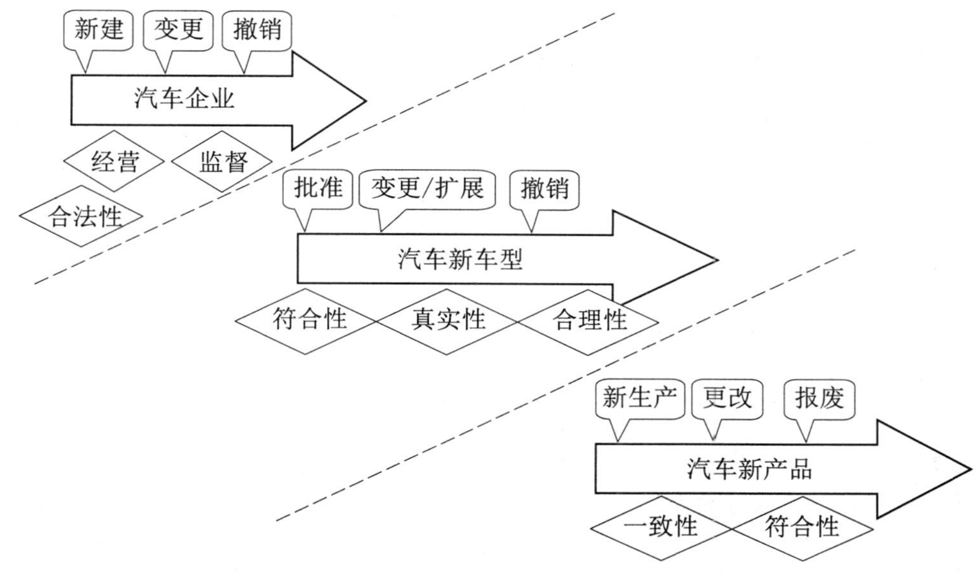

图 2－1　汽车企业、汽车新车型、汽车新产品图表解析①

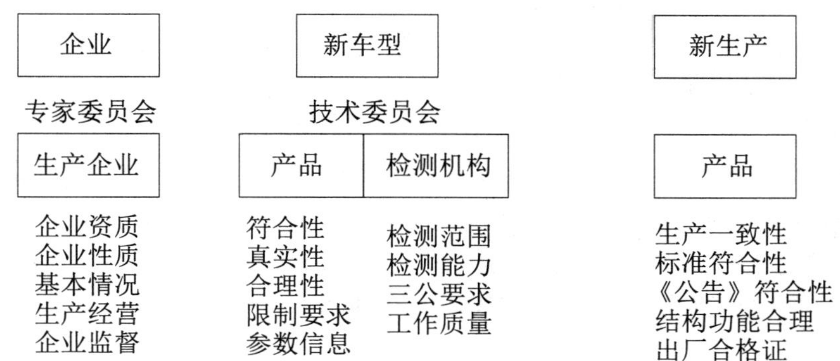

图 2－2　汽车企业、汽车新车型、汽车新产品图表解析②

图中几个概念的含义如下：

（一）合法性

（1）企业的设立应符合政策及宏观调控要求。

（2）企业应按照规定管理、生产、经营。

（二）真实性

（1）实物与技术文件及相关资料应相符。

（2）产品配置、参数、结构、性能相符。

（三）符合性

产品应符合相关标准、技术规范的要求。

（四）合理性

产品技术状态应符合设计理念，体现先进技术。

（五）一致性

实际生产的产品与批准的状态、技术文件相符。

2.2 《道路机动车辆生产企业及产品公告》执行的宏观政策、法规

《道路机动车辆生产企业及产品公告》执行的宏观政策、法规泛指《公告》管理的依据，是政府行使行业管理职能的依据，包括以下几种：

（1）《汽车产业发展政策》（2004 年）；

（2）《中华人民共和国行政许可法》；

（3）《国务院对确需保留的行政审批项目设定行政许可的决定》；

《汽车产业发展政策》（国家发改委令第 8 号），于 2004 年 5 月 21 日施行，是我国汽车产业发展的宏观政策，为汽车产业的发展指明了方向。其中第一条明确规定："政府职能部门依据行政法规和技术规范的强制性要求，对汽车、农用运输车（低速载货车及三轮汽车，下同）、摩托车和零部件生产企业及其产品实施管理，规范各类经济主体在汽车产业领域的市场行为。"

《中华人民共和国行政许可法》（主席令第七号），由全国人民代表大会常务委员会在 2003 年 8 月 27 日通过，自 2004 年 7 月 1 日起施行，是由国家主席签发的一部法律。其中第 12 条规定："下列事项可以设定行政许可：（四）直接关系公共安全、人身健康、生命财产安全的重要设备、设施、产品、物品，需要按照技术标准、技术规范，通过检验、检测、检疫等方式进行审定的事项。"汽车产品属于直接关系到人身健康、生命财产安全的产品。

《国务院对确需保留的行政审批项目设定行政许可的决定》（国务院令第 412 号），自 2004 年 7 月 1 日起施行，其中"附件：国务院决定对确需保留的行政审批项目设定行政许可的目录中第 4 条明确规定，道路机动车辆生产企业及产品公告是行政许可项目。"

2.3 《道路机动车辆生产企业及产品公告》准入管理

2.3.1 项目核准/备案

在进行企业及产品准入前，相关项目的投资建设需先期进行项目的核准/备案。只有当项目的核准/备案通过后，相关负责人才有资格进行企业及产品申请。

一、需进行核准的项目

（1）新建汽车、车用发动机生产企业。

（2）汽车企业异地建设新的独立法人生产企业。

（3）汽车企业跨类生产其他类别汽车整车产品。

二、需进行备案的项目

（1）现有企业自筹资金扩大同类产品生产能力和增加品种，异地新建同类产品的非独

立法人生产单位。

（2）投资生产摩托车及其发动机。

（3）投资生产汽车、摩托车的零部件。

其中，汽车整车生产企业（有底盘资质企业）由国家发改委进行核准/备案，专用车生产企业（改装车生产企业）由地方发改委进行核准/备案。汽车生产企业项目核准/备案、准入见图2－3。

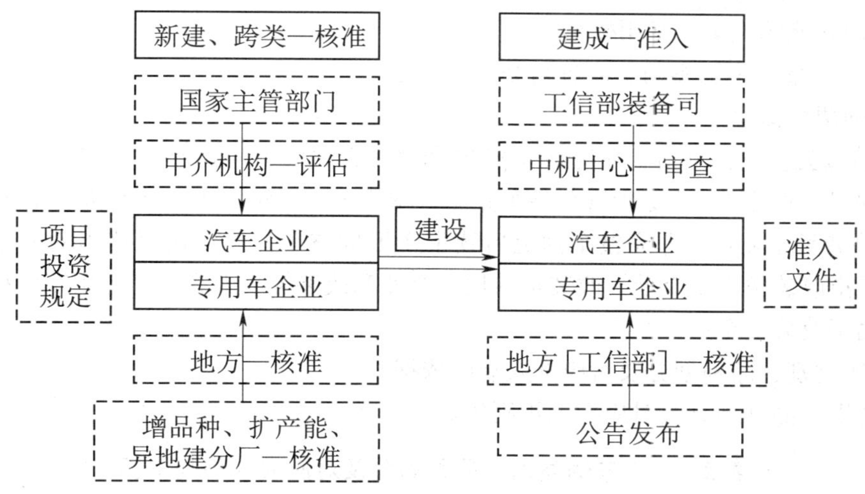

图2－3　汽车生产企业核准/备案、准入

2.3.2　企业及产品准入

项目的核准/备案通过后，才能进行企业及产品准入。目前，车辆生产企业及产品准入管理规则主要有以下几种：

（1）《新能源汽车生产企业及产品准入管理规则》（工产业〔2009〕44号）。

（2）《专用汽车和挂车生产企业及产品准入管理规则》（工产业〔2009〕45号）。

（3）《商用车生产企业及产品准入管理规则》（工产业〔2010〕132号）。

（4）《乘用车生产企业及产品准入管理规则》（工产业〔2011〕37号）。

（5）《专用校车生产企业及产品准入管理规则》（工产业〔2012〕25号）。

（6）《罐式车辆生产企业及产品准入管理要求》（工产业〔2014〕48号）。

（7）《新建纯电动乘用车企业管理规定》（发改委、工信部2015年第27号令）。

以上准入管理规则是企业及产品准入申请、审查的主要依据。

一、企业准入流程

（一）企业准入适用的范围

以下类别的企业根据具体变化情况，需进行企业准入申请及审查。

1．新建企业

无车辆生产资质，拟获得《公告》资质。跨大类的企业也作为新建企业，包括新建子公司/分公司。

2．企业基本信息变化

包括名称、法定代表人、股权变化。

3. 企业生产条件变化

包括新增能力条件、生产线、生产地、生产工艺、产能变化。

4. 增加/扩展

增加品种、类别（跨类）；升级（改装类其他乘用车、皮卡生产企业升级为整车资质、低速货车生产企业转产专用汽车及挂车或升级为轻型载货汽车资质）。

5. 增加新能源汽车、专用校车。

（二）企业准入车辆类别、品种划分

1. 明确两个概念

（1）制造类企业：是指企业完成车辆的全部制造过程，生产整车，包括生产非完整车辆企业（底盘生产企业）。泛指汽车整车企业、摩托车、三轮汽车、低速货车企业。

（2）改装类企业：在非完整车辆上后续生产形成整车，包括在完整车辆上后续生产形成整车。泛指改装类客车企业、改装类乘用车企业和改装类皮卡企业。专用车及挂车整车生产企业也属于改装类企业。

2. 车辆类别、品种划分及对应准入规则依据

车辆类别、品种划分及对应准入规则依据见表 2－8。

表 2－8　车辆类别、品种划分及对应准入规则依据

车辆类型	品种	依据
乘用车	轿车	37 号公告
	运动型乘用车	37 号公告
	多用途乘用车（含短头乘用车）	37 号公告
	专用乘用车	45 号公告
客车	整车	132 号文件
	改装车	132 号文件
	专用校车	25 号公告
货车及牵引车	整车	132 号文件
	改装车/专用车	45 号公告
罐式车辆	改装车/专用车	48 号公告
三轮汽车/低速货车		588 号文件，不再新批
摩托车	二轮摩托车	110 号公告、115 号文件
	三轮摩托车	2000 号文、110 号公告、115 号文件
	电动二轮摩托车	17 号、110 号公告、115 号文件
	电动三轮摩托车	17 号、110 号公告、115 号文件、2000 号文

说明：各类车型的新能源汽车附加进行 44 号公告规定的准入审查，不改变企业资质。

（三）企业准入步骤

目前汽车生产企业准入步骤见图 2－4。

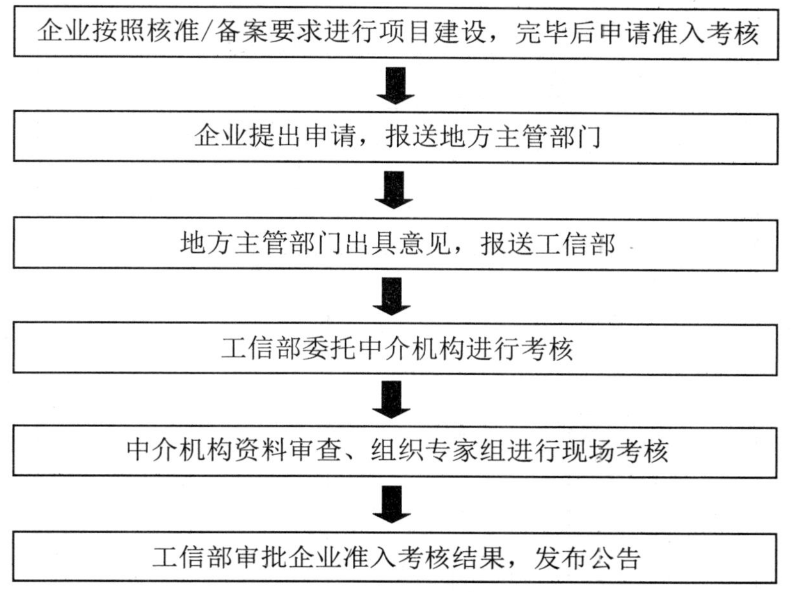

图 2－4　汽车生产企业准入步骤

汽车生产企业准入流程见图 2－5。

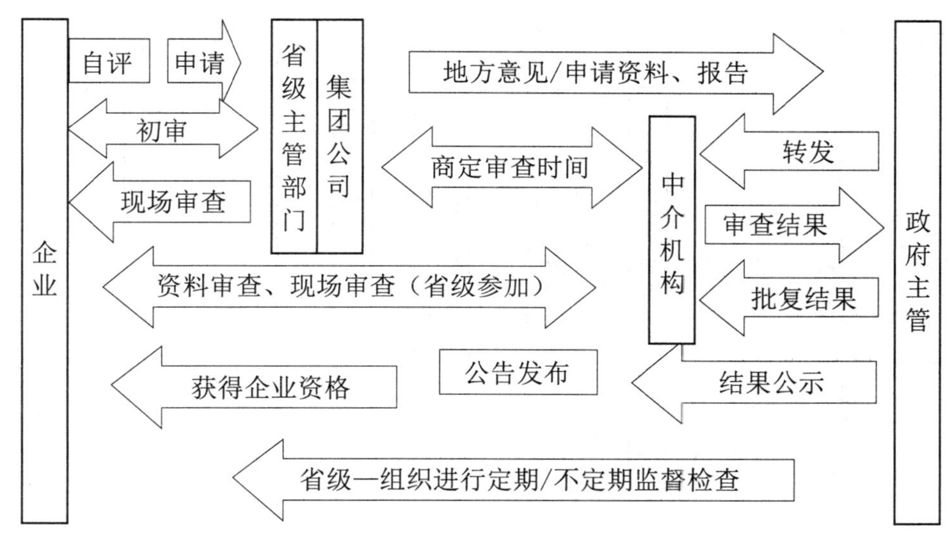

图 2－5　汽车生产企业准入流程

企业准入政府主管部门是国家工信部装备工业司，委托的中介机构是中机车辆技术服务中心。中机车辆技术服务中心作为与政府衔接的服务机构，其内部也制定了企业准入审查操作流程，见图 2－6。

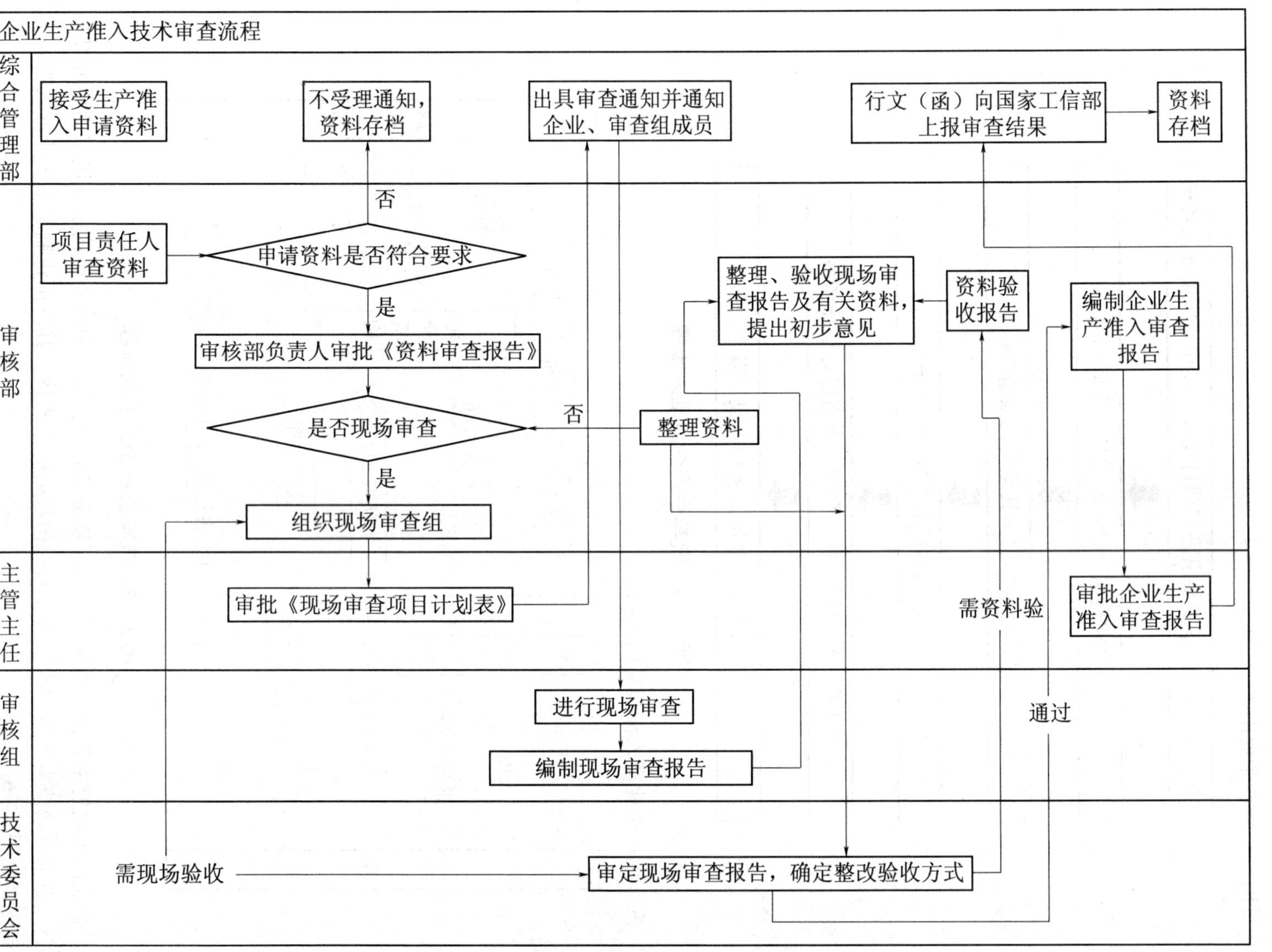

图2–6 中机车辆技术服务中心准入审查操作流程

二、企业准入管理规则介绍

企业准入管理规则是企业及产品准入申请、审查的主要依据，其主体内容见图2－7。

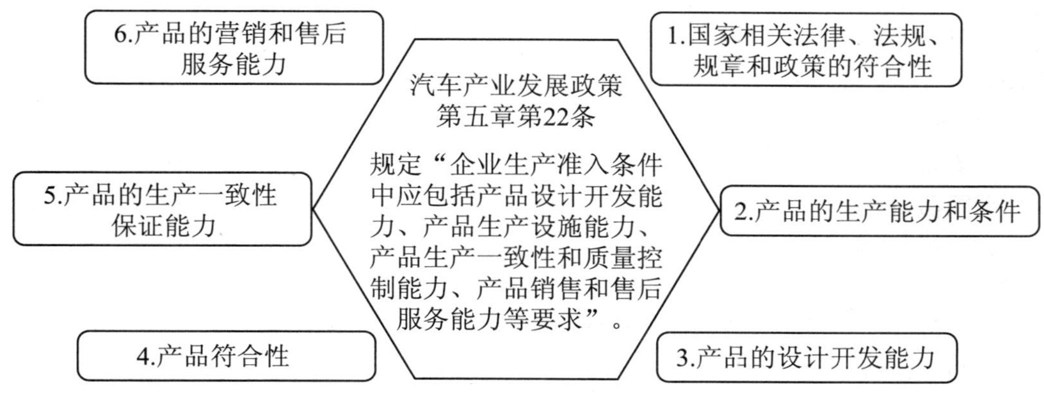

图2－7　企业准入管理规则主体内容

（一）《新能源汽车生产企业及产品准入管理规则》

1. 管理规则基本情况

（1）文件号：工业和信息化部、工产业〔2009〕44号。

（2）发布日期：2009年6月17日。

（3）实施日期：2009年7月1日。

（4）适用产品：中国境内使用的新能源汽车产品及新能源汽车产品生产企业。

（5）适用企业：整车企业和改装类商用车企业。

（6）规则条款：17个条款（含4个否决项）。

（7）审查通过条件：无否决项不符合，一般项不符合率不超过20%。

（8）整改期：2个月。

2. 管理规则制定的指导思想

1）鼓励和支持

管理规则制定的指导思想主要是鼓励和支持新能源汽车产业的发展，具体体现在以下几个方面：

（1）降低门槛。未限定资金投入、生产设备、检验设备。

（2）允许改装类商用车（含专用车）生产企业自制、自用底盘。

（3）在标准不完备的条件下，允许发布产品《公告》。

（4）针对新能源汽车所采用的技术方案的多样性，根据新能源汽车整车、系统及关键总成技术成熟程度、国家和行业标准完善程度以及产业化程度的不同，将其分为起步期、发展期、成熟期（又分为有过渡期限制条件的成熟期、无过渡期限制条件的成熟期两个阶段）三个不同的技术阶段，分别实施不同的管理制度，并在条件成熟时，重新调整技术阶段的划分。

2）风险控制

管理规则着重保护用户和第三方利益，从而保护新能源汽车事业健康发展，主要体现在以下几个方面：

（1）起步期和发展期产品的生产批量。

（2）示范运行或销售区域。

（3）售后服务承诺（电池回收等）。

（4）建立档案、实时监控、产品质量/安全跟踪。

（5）起步期产品需提交《年度示范运行报告》等。

3. 新能源汽车范围

（1）新能源汽车指采用非常规的车用燃料作为动力来源（或使用常规的车用燃料、采用新型车载动力装置），综合车辆的动力控制和驱动方面的先进技术，形成的技术原理先进、具有新技术、新结构的汽车。

（2）新能源汽车包括混合动力汽车、纯电动汽车（包括太阳能汽车）、燃料电池电动汽车、氢发动机汽车、其他新能源（如高效储能器、二甲醚）汽车等。

4. 企业资质要求

（1）《规则》第8条：新能源汽车生产企业应当为《公告》内汽车整车生产企业或改装类商用车生产企业。

（2）新建汽车企业或现有汽车生产企业跨产品类别生产其他类别新能源汽车整车产品，应按国家有关投资管理规定先行办理项目的核准或备案手续。

5. 允许生产的产品类别

（1）《规则》第9条：企业获得新能源汽车生产资格后，汽车整车生产企业可生产同类新能源汽车产品，指与《公告》中已有的常规汽车相同类别的产品。

（2）改装类商用车企业可改装生产同类新能源汽车产品，其中具备底盘生产条件的，可以自制底盘，但自制底盘仅限于本企业自用。

6. 审查方式

（1）现场审查：初次申请企业准入时、产品类别发生变化时、出现安全事故时。

（2）文件审查：现场审查前、在已准入的新能源汽车整车或底盘基础上生产改装车，且未影响原车新能源部分时。

（3）在中机中心技术交流：现场审查前对研发能力的初步确认、技术方案或技术来源发生变化时、增加生产地址时（必要时均可能进行现场审查）。

（4）企业增加已通过准入的新能源汽车产品类别的生产地址时，一般需与中机中心召开技术说明会，主要是说明新地址在生产、检验、整车和零部件贮存、充电、人员操作安全培训、技术文件准备、生产一致性保证、安全防护方面的准备工作，必要时现场审查。

（5）新申报产品技术方案或技术来源与已准入产品相比，发生变化时，技术说明会的主要内容是本次申报产品的研发能力、核心技术掌握情况以及生产准备情况。

7. 改装类商用车企业自制新能源汽车底盘的要求

改装类商用车企业申请新能源汽车生产准入，需考核是否具备底盘生产条件，包括底盘的研发能力、生产和检验条件等，需结合132号《公告》中与底盘相关的研发、生产和质量控制能力。

（二）《专用汽车和挂车生产企业及产品准入管理规则》

1. 管理规则基本情况

（1）文件号：工业和信息化部、工产业〔2009〕45号。

（2）发布日期：2009 年 6 月 18 日。

（3）实施日期：2009 年 7 月 1 日。

（4）适用企业：中国境内使用的专用汽车和挂车产品及专用车和挂车产品生产企业。

（5）适用产品类别：专用客厢车、专用货车、专用作业车、通用货车挂车、其他挂车、特种作业车、消防车、特种作业车底盘 8 个品种。挂车包括半挂车、中置轴挂车和全挂车。特种作业车或特种消防车生产企业，在生产特种作业车或特种消防车产品一年后，方可申请生产特种作业车底盘的许可。

（6）规则条款：22 个条款（含 8 个否决项）。

（7）审查通过条件：无否决项不符合，一般项不符合率不超过 20%。

（8）整改期：2 个月。

2. 审查依据

企业建设项目的申请、政府批复文件。

（1）企业投资规模。

（2）公司组织形式及框架。

（3）建设周期及主要工艺、流程。

（4）产品品种及构成，产品产能、纲领。

（5）研发中心、配套件管理体系、销售与服务等职能。

3. 企业变化均需要准入审查

（1）新建企业。

要求按照 45 号《公告》进行全项审查。

（2）企业组织经营状况有变化时。

指企业发生重组、更名、变更股权或股东、变更法人、变更注册地址等的变化，含道路规划造成变化。要求按照 45 号《公告》进行全项审查。（根据企业变更的情况，可适当简化部分条款的要求）

（3）企业生产能力条件有变化时。

指企业在生产规模、生产地址、生产过程及加工方式、生产组织和生产线等方面发生变化的情况。要求按照 45 号《公告》进行全项审查。

（4）企业增加品种。

企业增加列入表 2－9 中的其他产品品种时，要求按照 45 号《公告》进行全项审查。

表 2－9　专用汽车和挂车品种划分表

品种	名称	说明
1	专用客厢车	装备有整体封闭结构车厢（与驾驶室连成一体），采用三类底盘或整车改装的，用于专业人员使用或运输特殊物品、货物，或者具有专用作业功能的专用汽车
2	专用货车	GB/T 3730.1 标准规定的专用货车（专用客厢车除外）
3	专用作业车	GB/T 3730.1 标准规定的专用作业车（专用客厢车除外）

续表

品种	名称	说明
4	通用货车挂车	包括骨架、栏板、平板及低平板、厢式、仓栅、自卸、罐式等运输类挂车
5	其他挂车	除通用货车挂车、特种作业挂车（超限挂车）外的其他挂车
6	特种作业车（包括特种作业汽车及挂车、超限车）	具有特殊结构或特殊作业装置，在特定场所内使用或用于特殊作业的专用汽车或挂车。特种作业车的品种包括油田车、沙漠车、清障车、混凝土泵车、汽车起重机、桥梁检测车等，还包括车辆特性参数超出 GB 1589 标准规定的车辆
7	罐式结构消防车	装备有罐状容器，用于完成特定消防作业任务的罐式消防车
	举高结构消防车	装备有可升降作业台（斗）和/或起重设备，用于完成特定消防、救援作业任务的消防车
	特种结构消防车	具有特殊结构或特殊作业装置，在特定消防环境下使用或用于特殊消防作业的消防车，包括车辆特性参数超出 GB 1589 标准规定的消防车
8	特种作业车底盘	最大设计总质量不小于 25 吨，具有与特种作业车（超限车）功能和性能匹配的动力、传动、行驶、取力输出装置，有专门设计的固定连接位置及其他专用附属装置的非通用性底盘（非完整车辆），包括特种结构消防车底盘

4. 管理规则的主要特点

（1）对专用汽车和挂车生产企业在注册资金、生产和检验设备、研发（开发、试制、试验）设备提出投资要求。

（2）明确各类企业的生产能力、设备要求。

（3）明确各类企业检验试验能力、设备要求。

（4）鼓励采用新技术、新材料的专用汽车和挂车。

（5）专业生产特种作业车（含超限车）的企业（且生产纲领不大于 20 台），审查条件中第 8 条、第 14 条、第 15 条、第 18 条、第 21 条可适当简化。

（6）工产业〔2012〕344 号《公告》将全挂车纳入《公告》管理。

5. 关于增加消防车生产

（1）新建专用汽车生产企业现也可直接申报消防车品种。

（2）汽车生产企业只能以鼓励类消防车产品为样车申请消防车生产资质。

（3）拥有罐式结构消防车或特种结构消防车生产资质的汽车企业申请举高结构消防车时，只能生产高喷消防车（非载人）。待具备必要能力后，方可生产云梯消防车等载人的消防车产品。

（4）流程：先向工信部申请增加消防车品种，由中机中心进行技术交流、样车委托检验、现场审查、上报批准。

（三）《罐式车辆生产企业及产品准入管理要求》

1．管理要求基本情况

（1）文件号：工产业〔2014〕48号。

（2）实施日期：2014年7月15日。

（3）罐式车辆管理要求要同时符合专用汽车和挂车管理规则要求。

2．主体内容

（1）管理要求是对《专用汽车和挂车生产企业及产品准入管理规则》（工产业〔2009〕第45号）的修订。在产品品种中增加罐式车辆。

（2）自2015年7月1日起，对于不符合规定的承压罐式车辆和常压危险品罐式车辆生产企业，将暂停其相关产品《公告》，暂停受理其相关新产品申报。

（3）48号《公告》中明确了罐式车辆生产企业应当符合45号《公告》、48号《公告》的要求。

（4）对于普通罐式车辆的生产企业准入，审查要求按45号《公告》，无新增要求。但在产品检测方面，有新增参数要求，应当提交罐体的结构及尺寸简图和安全装置的有关参数进行备案，在定型报告中体现罐体尺寸和壁厚、材料、有效容积及计算过程。

（5）对于承压罐式车辆和常压危险品罐式车辆，48号《公告》中新增了罐体设计、制造要求和产品追溯性要求。

① 承压罐式车辆生产企业应当具有压力容器制造许可证，罐体应当自制。罐体技术（图纸等）应当来源于具有压力容器设计许可证的企业或机构。

② 常压危险品罐式车辆生产企业应当具有罐体的设计能力和制造能力，取得危险化学品包装物、容器产品的《全国工业产品生产许可证》，罐体应当自制。

③ 上述有关许可证应当在有效期内。

3．产品品种划分

罐式车辆产品品种划分见表2－10。

表2－10　罐式车辆产品品种划分

品种	名称	说明
A	普通罐式车辆	装备有罐状容器，且罐体工作压力小于0.1MPa，用于运输非危险品介质的专用汽车或挂车（消防车除外），如供水车、混凝土搅拌运输车等；也包括用压缩气体卸料时，罐体工作压力不小于0.1MPa的专用汽车或挂车，如散装水泥运输车、粉粒物料运输车等

续表

品种	名称	说明
B	承压罐式车辆	装备有罐状压力容器，且罐体工作压力不小于 0.1MPa（不包含用压缩气体卸料的车辆）；或者大容积钢质无缝气瓶，且气瓶容积不小于 1 000L，公称工作压力不小于 0.2MPa，用于运输压缩气体、高（低）压液化气体、冷冻液化气体，以及最高工作温度高于或者等于其标准沸点的液体的专用汽车或挂车，包括汽车罐车、长管拖车，如运输液氨、液化石油气、压缩天然气、低温气体的专用汽车或挂车。 上述介质的车载容积不小于 1 000L 的作业类车辆（如加注车）也属于本品种
C	常压危险品罐式车辆	装备有罐状容器，且罐体工作压力小于 0.1MPa，用于运输液体危险货物［包括易燃、腐蚀、危害（毒害）液体介质，常见介质见 GB 18564.1—2006 中附录 A 和 GB 18564.2—2008 中附录 A］的汽车或挂车，如运输汽油、柴油、苯、硫酸等介质的专用汽车或挂车。 装载上述介质的作业类车辆（如加油车）也属于本品种

4. 资质划定

综合考虑45 号《公告》、48 号《公告》，对于专用货车、通用货车挂车、罐式车辆，目前企业申请资料、审查报告中按下述描述进行：

如果资质为专用货车（含自卸车）、通用货车挂车、普通罐式车辆、承压罐式车辆、常压危险品罐式车辆，则允许企业可以生产专用货车（含 3 种罐式、自卸车）、通用货车挂车（含 3 种罐式）。

其余依此类推（比如资质中未注明含自卸车，则不能申报相关产品）。

（四）《商用车生产企业及产品准入管理规则》

1. 管理规则基本情况

（1）文件号：工业和信息化部、工产业〔2010〕132 号。

（2）发布日期：2010 年 12 月 15 日。

（3）实施日期：2011 年 1 月 1 日。

（4）适用企业：中国境内使用的商用车产品及其生产企业。

（5）适用产品：中重型货车、轻型货车、大中型客车、轻型客车。
本规则还适用于改装类客车。

（6）规则条款：28 个条款（含 13 个否决项）。

（7）审查通过条件：无否决项不符合，一般项不符合率不超过 20%。

（8）整改期：3 个月。

2. 商用车品种划分

商用车品种划分见表 2 – 11。

表 2 – 11 商用车品种划分

产品类别	品种	说明
货车	轻型货车	主要为载运货物而设计和装备的商用车辆，包括可以牵引挂车的车辆，车辆的最大设计总质量不大于 7 500kg
	中重型货车	主要为载运货物而设计和装备的商用车辆，包括可以牵引挂车的车辆，车辆的最大设计总质量大于 7 500kg。其中重型货车的最大设计总质量大于 14 000kg
客车	轻型客车	指用于载运乘客及其随身行李的商用车辆，包括驾驶员座位在内座位数超过 9 座，且车长不大于 6 米；车身结构为覆盖件与加强梁共同承载的各类客车
	大中型客车	指用于载运乘客及其随身行李的商用车辆，车长大于 6 米，车身结构为具有车身骨架、包覆车身蒙皮的各类客车

3. 管理规则的主要特点

（1）提出《各类商用车生产企业的生产能力及设施要求》，轻型客车、货车生产企业必须具备阴极电泳能力。

（2）明确《改装类客车生产企业申请生产客车底盘的准入条件》（管理规则中附件 6）。

（3）对于轻型货车、中重型货车、轻型客车企业，明确应具备整车和自制部件的试制试装能力、试验验证能力。

（4）对于集团化管理的企业，可以部分借助集团资源。明确《汽车企业集团下属企业的准入条件及审查要求》。

（五）《乘用车生产企业及产品准入管理规则》

1. 管理规则基本情况

（1）文件号：工业和信息化部、工产业〔2011〕37 号。

（2）发布日期：2011 年 11 月 4 日。

（3）实施日期：2012 年 1 月 1 日。

（4）适用企业：中国境内使用的乘用车产品及其生产企业。

（5）适用产品：轿车、运动型乘用车、多功能乘用车（含短头乘用车）。

（6）规则条款：36 个条款（含 15 个否决项）。

（7）审查通过条件：无否决项不符合，一般项不符合率不超过 20%。

（8）整改期：3 个月。

2. 乘用车品种划分

乘用车品种划分见表 2 – 12。

表 2-12 乘用车品种划分

产品类别	品种	说明
轿车	轿车	汽车行业标准 QC/T 775—2007《乘用车类别及代码》中第 4.1 款所定义的车辆
其他乘用车	运动型乘用车	汽车行业标准 QC/T 775—2007《乘用车类别及代码》中第 4.2 款所定义的车辆
	多功能乘用车	汽车行业标准 QC/T 775—2007《乘用车类别及代码》中第 4.3 款所定义的车辆。其中，短头乘用车是指国家标准 GB/T 3730.1—2001《汽车和挂车类型的术语和定义》中第 2.1.1.9 款所定义的车辆

3. 管理规则的主要特点

(1) 明确提出企业在研发阶段应具有的造型设计、样件快速成型能力、样车试制试装能力等方面的要求。

(2) 对轿车试验验证能力提出更高要求，明确应具备整车性能（10 项）、路试试验（8 项）、自制部件等试验能力。

(3) 要求企业在计算机信息化管理方面提升水平。

(4) 对于集团化管理的企业，可以部分借助集团资源。

(5) 对于轿车生产企业，中涂和面漆应采用水性汽车漆。

（六）《专用校车生产企业及产品准入管理规则》

1. 管理规则基本情况

(1) 文件号：工业和信息化部、工产业〔2012〕25 号。

(2) 发布日期：2012 年 6 月 25 日。

(3) 实施日期：2012 年 8 月 1 日。

(4) 适用企业：中国境内使用的专用校车产品及其生产企业。

(5) 适用产品：轻型专用校车、大中型专用校车。改装类生产企业不得生产承载式车身的专用校车产品。

(6) 规则条款：33 个条款（含 17 个否决项）。

(7) 审查通过条件：无否决项不符合，一般项不符合率不超过 20%。

(8) 整改期：3 个月。

2. 专用校车品种划分

专用校车品种划分见表 2-13。

表 2-13 专用校车品种划分

序号	类别	基本特征
1	轻型专用校车	车长大于 5 米且小于等于 6 米。
2	大中型专用校车	车长大于 6 米且小于等于 12 米。

3. 管理规则的主要特点

(1) 所有校车企业均要满足132号《公告》和25号《公告》的规则要求。

(2) 校车资质有效期3年并有退出机制。

(3) 对企业的诚信有要求，要求申请书后专门设置企业的承诺。

(4) 企业生产要有客车生产业绩。

(七)《新建纯电动乘用车企业管理规定》

1. 管理规定基本情况

(1) 文件号：发改委、工信部〔2015〕27号令。

(2) 发布日期：2015年6月2日。

(3) 实施日期：2015年7月10日。

(4) 适用企业：在中国境内投资新建独立法人纯电动乘用车生产企业。

(5) 适用产品：纯电动乘用车，包括纯电动和增程式（具备外接充电功能的串联式混合动力）乘用车。

2. 制定管理规定的目的

(1) 支持掌握纯电动乘用车核心技术并具有技术创新能力的企业和社会资本参与纯电动乘用车的研发生产。

(2) 发挥市场主体作用，通过新企业进入，引领新能源汽车产业向更高层次发展，尽快实现由汽车生产大国向汽车强国的转变。

(3) 防止低水平盲目投资和重复建设。

3. 投资管理

(1) 新建企业投资项目的投资总额和生产规模不受《汽车产业发展政策》有关最低要求限制，由投资主体自行决定。

(2) 新建企业可生产纯电动乘用车，不能生产任何以内燃机为驱动动力的汽车产品。

(3) 要求申请新建企业的投资主体要具备一定的基本条件（包括样车试制能力）。

(4) 投资主体基本条件包括以下几项：

① 在中国境内注册，具备与项目投资相适应的自由资金规模和融资能力。

② 具有纯电动乘用车产品从概念设计、系统和结构设计到样车研制、试验、定型的完整研发经历。具有专业研发团队和整车正向研发能力，掌握整车控制系统、动力蓄电池系统、整车集成和整车轻量化方面的核心技术以及相应的试验验证能力，拥有纯电动乘用车自主知识产权和已授权的相关发明专利。

③ 具有整车试制能力，具备完整的纯电动乘用车样车试制条件，包括车身及底盘制造、动力蓄电池系统集成、整车装配等主要试制工艺和装配能力。

④ 自行试制的同一型式纯电动乘用车样车数量不少于15辆，提供的样车经过国家认定的检测机构检验，在符合汽车国家标准和电动汽车相关标准的前提下，在安全性、可靠性、动力性、整车轻量化、经济性等方面达到规定的技术要求。

⑤ 对新建企业要进行两个方面的审查：一是基本条件的审查；二是投资项目申请报告的审查。

4. 准入管理

（1）投资项目完成建设后，新建企业及产品需按照《乘用车生产企业及产品准入管理规则》和《新能源汽车生产企业及产品准入管理规则》的相关要求通过考核后，列入《道路机动车辆生产企业及产品公告》，并按单独类别管理。

（2）新建企业生产纯电动产品应使用该企业拥有所有权的注册商标和品牌。

（3）新建企业生产的纯电动乘用车产品所采用动力蓄电池单体和系统应当是符合汽车动力蓄电池行业规范条件的企业生产的产品。

（4）实行产品公告有效期制度和企业推出机制，对新建纯电动乘用车企业生产准入实施单独类别管理，与传统汽车管理相区别。公告有效期3年。

（5）加强事中、事后监管，行业主管部门对新建企业准入条件、保持情况进行抽查。

2.4 《道路机动车辆生产企业及产品公告》执行的强制性检验标准

《道路机动车辆生产企业及产品公告》要求所有汽车产品必须执行相关强制性检验标准的要求，经国家级检测机构检测合格后，方能登录《公告》，强制性检验标准的分类见图2－8 。

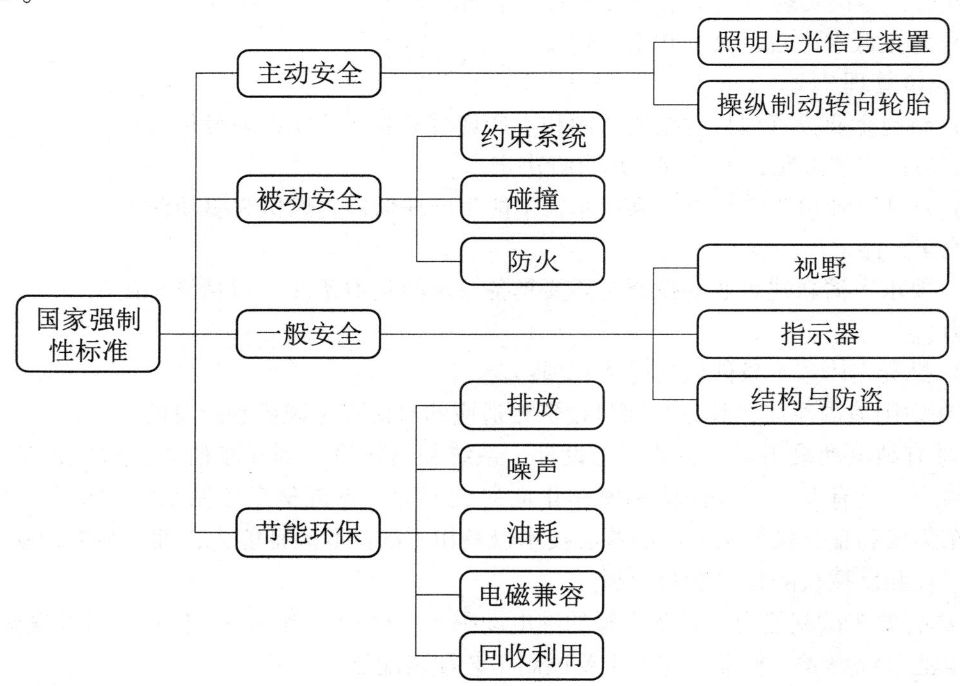

图2－8 强制性检验标准的分类

《公告》要求的强制性检验，对于常规车型，应满足相关标准要求（截至2016年3月，共107项），见表2－14；对于新能源汽车，除满足表2－11中的相关标准要求外，还需额外满足新能源汽车专用标准要求（截至2016年3月，共17项），见表2－15。

表 2-14　常规车型强制性检验标准清单

序号	检验项目	检验依据
1	轻型汽车排放污染物	GB 18352.3—2005
1	轻型汽车排放污染物	GB 18352.5—2013
2	曲轴箱排放物	GB 18352.5—2013
2	曲轴箱排放物	GB 18352.3—2005
2	曲轴箱排放物	GB 11340—2005
3	蒸发排放物	GB 18352.5—2013
3	蒸发排放物	GB 14763—2005
3	蒸发排放物	GB 18352.3—2005
4	怠速排放	GB 18352.5—2013
4	怠速排放	GB 18285—2005
4	怠速排放	GB 18352.3—2005
5	压燃式发动机和装用压燃式发动机的车辆排气污染物	GB 17691—2005
6	压燃式发动机和装用压燃式发动机的车辆排气可见污染物	GB 3847—2005
6	压燃式汽车的自由加速烟度	GB 18352.5—2013
7	车用汽油机排气污染物	GB 14762—2008
8	前照灯配光性能	GB 4599—2007
8	前照灯配光性能	GB 21259—2007
9	前雾灯配光性能	GB 4660—2007
10	后雾灯配光性能	GB 11554—2008
11	前位灯配光性能	GB 5920—2008
12	后位灯配光性能	GB 5920—2008
13	前示廓灯配光性能	GB 5920—2008
14	后示廓灯配光性能	GB 5920—2008
15	制动灯配光性能	GB 5920—2008
16	高位制动灯配光性能	GB 5920—2008
17	制动灯/后位灯配光性能	GB 5920—2008

续表

序号	检验项目	检验依据
18	汽车倒车灯配光性能	GB 15235—2007
19	前转向信号灯配光性能	GB 17509—2008
20	后转向信号灯配光性能	GB 17509—2008
21	侧转向信号灯配光性能	GB 17509—2008
22	前回复反射器	GB 11564—2008
23	侧回复反射器	GB 11564—2008
24	后回复反射器	GB 11564—2008
25	三角形回复反射器	GB 11564—2008
26	汽车外部照明和信号装置安装规定	GB 4785—2007
27	前照灯光束照射位置及发光强度	GB 7258—2012
28	汽车正面碰撞乘员保护	GB 11551—2003
28	汽车正面碰撞乘员防护	GB 11551—2014
29	汽车和挂车后下部防护装置	GB 11567. 2—2001
30	汽车和挂车侧下部防护装置	GB 11567. 1—2001
31	汽车护轮板	GB 7063—2011
32	驾驶员前方视野	GB11562—1994
32	驾驶员前方视野	GB 11562—2014
33	视镜性能	GB 15084—2013
34	视镜安装要求	GB 15084—2013
35	风窗玻璃除霜系统功能	GB 11555—2009
36	风窗玻璃除雾系统功能	GB 11555—2009
37	风窗玻璃刮水器洗涤器性能	GB 15085—2013
38	车速表	GB 15082—2008
39	操纵件、指示器及信号装置的标志	GB 4094—1999
40	机动车喇叭性能	GB 15742—2001
41	机动车喇叭装车性能	GB 15742—2001
42	商用车驾驶室外部凸出物	GB 20182—2006
42	乘用车外部凸出物	GB 11566—2009

续表

序号	检验项目	检验依据
43	汽车座椅系统强度	GB 15083—2006
43	校车座椅强度	GB 24406—2012
43	儿童乘员用约束系统	GB 27887—2011
44	汽车座椅头枕	GB 11550—2009
45	门锁静载荷	GB 15086—2006
45	门锁和门保持件安装要求	GB 15086—2013
45	门锁静载荷	GB 15086—2013
46	VIN 的核查	GB 16735—2004
47	汽车制动系统	GB 12676—2014
47	汽车制动系统	GB 12676—1999
47	乘用车制动系统	GB 21670—2008
48	汽车转向系统	GB 17675—1999
49	汽车材料的燃烧特性	GB 8410—2006
50	无线电骚扰特性	GB 14023—2011
51	加速行驶车外噪声	GB 1495—2002
52	上部结构强度	GB/T 17578—1998
52	上部结构强度	GB 17578—2013
52	双层客车结构	GB/T 19950—2005
52	客车结构	GB 13094—2007
52	校车顶部结构强度	GB 24407—2012
52	校车车内空气质量	GB 24407—2012
52	校车技术条件	GB 24407—2012
53	汽车外廓尺寸	GB 1589—2016
54	安全带总成性能	GB 14166—2013
54	汽车安全带、儿童约束系统在车辆上安装的要求	GB 14166—2013
55	前排乘员安全带固定点	GB 14167—2013
55	驾驶员安全带固定点	GB 14167—2013

续表

序号	检验项目	检验依据
55	ISOFIX 固定点系统及上拉带固定点	GB 14167—2013
55	其他乘员安全带固定点	GB 14167—2013
56	汽车号牌板（架）及其位置	GB 15741—1995
57	防止汽车转向机构对驾驶员伤害	GB 11557—2011
58	侧翻稳定角	GB 7258—2012
59	燃油系统及排气管	GB 7258—2012
60	汽车标记及部件标记	GB 7258—2012， GB 30509—2014
60	校车标识	GB 24315—2009
60	危险货物标记	GB 13392—2005
61	安全玻璃	GB 9656—2003
63	非氟制冷剂标记	机汽发（97）099 号
64	侧标志灯配光性能	GB 18099—2000
64	侧标志灯配光性能	GB 18099—2013
65	三角警告牌	GB 19151—2003
66	汽车燃油箱安全性能	GB 18296—2001
67	驻车灯配光性能	GB 18409—2001
67	驻车灯配光性能	GB 18409—2013
68	保护车载接收机的无线电骚扰特性（刮水电机）	GB 18655—2002
69	保护车载接收机的无线电骚扰特性（闪光继电器）	GB 18655—2002
70	保护车载接收机的无线电骚扰特性（暖风电机）	GB 18655—2002
71	保护车载接收机的无线电骚扰特性（整车）	GB 18655—2002
72	轻型客车上部结构强度试验	GB 18986—2003
72	轻型客车结构安全要求	GB 18986—2003
73	客车座椅及其车辆固定件强度	GB 13057—2003
73	客车座椅及其车辆固定件强度	GB 13057—2014

续表

序号	检验项目	检验依据
74	重型商用车辆燃料消耗量	GB 30510—2014
74	重型商用车辆燃料消耗量	GB/T 7840—2011； QC/T 924—2011
74	轻型商用车燃油消耗量	GB 20997—2007
74	乘用车燃油消耗量	GB 19578—2014
75	侧面碰撞乘员保护	GB 20071—2006
76	后碰燃油系统安全	GB 20072—2006
77	重型汽车污染控制装置耐久性	GB 17691—2005
77	轻型汽车污染控制装置耐久性	GB 18352. 3—2005
77	轻型汽车污染控制装置耐久性	GB 18352. 5—2013
77	重型汽油车污染控制装置耐久性	GB 14762—2008
77	重型汽车污染控制装置耐久性	GB 20890—2007
78	低温冷起动排放	GB 18352. 5—2013
78	低温冷起动排放	GB 18352. 3—2005
79	重型汽车车载诊断（OBD）系统	GB 17691—2005
79	轻型汽车车载诊断（OBD）系统	GB 18352. 5—2013
79	重型汽油车车载诊断（OBD）系统	GB 14762—2008
79	轻型汽车车载诊断（OBD）系统	GB 18352. 3—2005
80	门铰链	GB 15086—2013
80	门铰链	GB 15086—2006
81	汽车防抱制动性能	GB/T 13594—2003
81	乘用车防抱制动性能	GB 21670—2008
82	罐式危险品车辆补充安全技术要求	工信部产业〔2012〕504 号文
82	危险货物运输车辆	GB 21668—2008
82	爆炸和剧毒品运输车辆	GB 20300—2006
82	罐式危险品车辆紧急切断阀	QC/T 932—2012
83	汽车防盗装置	GB 15740—2006
84	制动软管	GB 16897—2010

续表

序号	检验项目	检验依据
85	载重汽车轮胎	GB 9744—2007
85	轿车轮胎	GB 9743—2007
86	LPG 钢瓶	GB 17259—2009
86	NG 钢瓶	GB 17258—2011
86	缠绕气瓶	GB 24160—2009
87	门锁耐惯性力	GB 15086—2006
87	门锁耐惯性力	GB 15086—2013
88	滑动门	GB 15086—2006
88	滑动门	GB 15086—2013
89	汽车前后端保护	GB 17354—1998
90	汽车罩（盖）锁系统	GB 11568—2011
91	后牌照灯配光性能	GB 18408—2001
92	昼间行驶灯	GB 23255—2009
93	汽车用前照灯清洗器	GB 21260—2007
94	车身反光标识	GB 23254—2009
95	车身反光标识安装和粘贴要求	GB 7258—2012
96	发动机净功率	GB/T 17692—1999
97	车辆尾部标志板	GB 25990—2010
98	汽车用 LED 前照灯	GB 25991—2010
99	机动车安全运行强制性项目	GB 7258—2012
A0	乘用车顶部抗压强度	GB 26134—2010
A1	乘用车内部凸出物	GB 11552—2009
A2	商用车驾驶室乘员保护	GB 26512—2011
A3	商用车前下部防护要求	GB 26511—2011
A4	车辆尾部标识板安装规定	GB 25990—2010
A5	车速限制系统	GB/T 24545—2009
A6	燃气汽车专用装置安装要求	GB 19239—2013
A7	冷藏车安全要求	GB 29753—2013

表 2 –15　新能源汽车专用标准清单

新能源汽车专项性能检测项目方案表				
项目代号	检验项目	依据	申请检验类别	实测项目数
1	车载能源 – 锌空气电池	GB/T 18333. 2—2015	■	
1	车载能源 – 锌空气电池	GB/Z 18333. 2—2001	■	
1	车载能源 – 超级电容	QC/T 741—2006	■	
1	车载能源 – 铅酸电池	QC/T 742—2006	■	
1	车载能源 – 锂电池	QC/T 743—2006	■	
1	车载能源 – 镍氢电池	QC/T 744—2006	■	
2	电动汽车用电机及其控制器	GB/T 18488. 1—2006、GB/T 18488. 2—2006	■	
2	电动汽车用电机及其控制器	GB/T 18488. 1—2015、GB/T 18488. 2—2015	■	
3	电动汽车安全要求	GB/T 18384. 1—2001、GB/T 18384. 2—2001、GB/T 18384. 3—2001	■	
3	电动汽车安全要求	GB/T 19751—2005	■	
4	电动车辆的电磁场辐射强度	GB/T 18387—2008	■	
5	电动汽车操纵件、指示器及信号装置的标志	GB/T 4094. 2—2005	■	
6	电动汽车用仪表	GB/T 19836—2005	■	
7	电动汽车 能量消耗率和续驶里程	GB/T 18386—2005	■	
7	轻型混合动力汽车能量消耗量	GB/T 19753—2013	■	

续表

项目代号	检验项目	依据	申请检验类别	实测项目数
7	重型混合动力汽车能量消耗量	GB/T 19454—2005	■	
8	电动汽车风窗玻璃除霜除雾系统的性能要求及试验方法	GB/T 24552—2009	■	
9	纯电动乘用车技术条件	GB/T 28382—2012	■	
10	燃料电池电动汽车安全要求	GB/T 24549—2009	■	
11	燃料电池发动机性能	GB/T 24554—2009	■	
12	燃料电池汽车加氢口	GB/T 26779—2011	■	
13	燃料电池电动汽车车载氢系统	GB/T 29126—2012、GB/T 26990—2011	■	
14	电动汽车传导充电用连接装置 第 1 部分:通用要求	GB/T 20234. 1—2011	■	
15	电动汽车传导充电用连接装置 第 2 部分:交流充电接口	GB/T 20234. 2—2011	■	
16	电动汽车传导充电用连接装置 第 3 部分:直流充电接口	GB/T 20234. 3—2011	■	
17	电动汽车非车载传导式充电机与电池管理系统之间的通信协议	GB/T 27930—2011	■	

对于清单中的相关标准内容，另行教材讲解。

2.5 《道路机动车辆生产企业及产品公告》执行的技术法规、规范性文件

该《公告》执行的技术法规、规范性文件，泛指由国家工业和信息化部、中机车辆技术服务中心等部门发布的文件或技术规范，汽车生产企业及产品必须严格按照文件或技术规范要求执行，专家组在审核汽车生产企业及产品时按文件要求进行审核。

相关文件清单见表 2－16，随着时间和法规文件的新增、调整，清单也应做相应更新。

表 2－16 《公告》执行的技术法规、规范性文件清单

序号	文件名称	文件号	发布部门	发布时间
1	工业和信息化部关于进一步加强汽车生产企业及产品准入管理有关事项的通知	工信部装〔2016〕95 号	工信部装备司	2016. 3. 11
2	关于实施第五阶段机动车排放标准的公告	公告 2016 年 第 4 号	工信部、环保部	2016. 1. 14
3	工业和信息化部关于调整《道路机动车辆生产企业及产品准入许可》事项审批流程及技术规范的通知	工信部装〔2015〕492 号	工信部装备司	2016. 1. 4
4	汽车产品同一型号、同一型式判定技术条件（2015 年修订版）	附件	工信部装备司	2016. 1. 4
5	汽车和挂车产品型号编制规则	附件	工信部装备司	2016. 1. 4
6	车辆产品技术审查流程	附件	工信部装备司	2016. 1. 4
7	企业准入申报材料清单	附件	工信部装备司	2016. 1. 4
8	关于调整新能源汽车技术阶段划分的通知	中机函〔2015〕360 号	中机中心	2015. 9. 21

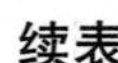

续表

序号	文件名称	文件号	发布部门	发布时间
9	关于危险品罐箱骨架运输半挂车的管理要求	中机函〔2015〕200 号	中机中心	2015. 7. 6
10	关于调整部分新能源汽车产品公告申报示范运行区域要求的通知	中机函〔2014〕102 号	中机中心	2014. 5. 26
11	汽车有害物质和可回收利用率管理要求	2015 年 第 38 号	工信部	2015. 6. 1
12	关于认可长城汽车股份有限公司试验场作为公告检验场地的通知	中机函〔2015〕146 号	中机中心	2015. 5. 21
13	关于认可国家轿车质量监督检验中心将中汽中心盐城汽车试验场作为公告检验场地的通知	中机函〔2015〕145 号	中机中心	2015. 2. 21
14	关于认可国家轿车质量监督检验中心将中汽中心盐城汽车试验场部分新增场地作为公告检验场地的通知	中机函〔2016〕85 号	中机中心	2016. 2. 22
15	关于认可交通部公路交通试验场新修建的 ABS 试验路及动态广场作为汽车公告检验场地的通知	中机函〔2015〕95 号	中机中心	2015. 4. 1
16	关于认可国家轿车质量监督检验中心（天津）将孝感汽车试验场作为新增公告检验场地的通知	中机函〔2015〕88 号	中机中心	2015. 3. 31
17	关于认可国家机动车产品质量监督检验中心（上海）新增公告检验场地的通知	中机函〔2014〕292 号	中机中心	2014. 12. 1

续表

序号	文件名称	文件号	发布部门	发布时间
18	关于加强试验场地使用记录登记管理的通知	中机函〔2015〕71 号	中机中心	2015. 3. 17
19	关于开通试验场地使用记录传送登记管理系统有关事项的通知		中机中心	2015. 3. 17
20	关于汽车产品《公告》检验视频录像管理办法（试行）	中机函〔2015〕30 号	中机中心	2015. 1. 27
21	关于对混凝土搅拌运输车产品增加规范性要求的通知	中机函〔2015〕7 号	中机中心	2015. 1. 9
22	关于实施第五阶段轻型车污染物排放标准车载诊断系统有关要求的公告	公告 2014 年 第 93 号	工信部、环保部、发改委、质检总局	2014. 12. 31
23	关于开展低速货车生产企业及产品升级并轨工作的通知	工信部产业〔2014〕473 号	工信部	2014. 11. 6
24	工业和信息化部、公安部关于加强小微型面包车、摩托车生产和登记管理工作的通知	工信部联产业〔2014〕453 号	工信部、公安部	2014. 10. 18
25	关于加强危险品运输半挂牵引车《公告》管理要求的通知	中机函〔2014〕188 号	中机中心	2014. 8. 25
26	工业和信息化部关于贯彻《罐式车辆生产企业及产品准入管理要求》的通知	工信部产业〔2014〕354 号	工信部	2014. 8. 15

续表

序号	文件名称	文件号	发布部门	发布时间
27	关于重型商用车产品燃料消耗量有关事项的通知	中机函〔2014〕133 号	中机中心	2014. 6. 30
28	关于加强“VIN5 + 1”管理的通知	中机函〔2014〕82 号	中机中心	2014. 4. 17
29	关于轻型汽车国五公告申报有关技术问题的通知	中机函〔2014〕55 号	中机中心	2014. 2. 27
30	车辆产品《公告》技术审查规范性要求（汽车部分）（2012 版）	中机函〔2012〕240 号	中机中心	2012. 12. 3
31	关于发布燃料电池汽车产品《公告》管理有关技术要求的通知	中机函〔2014〕93 号	中机中心	2014. 5. 5
32	国三柴油车 12 月 31 日起撤销公告	2014 年第 27 号	工信部	2014. 4. 14
33	关于 GB 14166—2013 和 GB 14167—2013 两项更新标准实施的通知	中机函〔2013〕318 号	中机中心	2013. 12. 27
34	关于对粉粒物料运输车产品增加规范性要求的通知	中机函〔2013〕228 号	中机中心	2013. 9. 17
35	关于进一步提高大中型客货车安全技术性能，加强车辆《公告》管理和注册登记管理工作的通知	工信部联产业〔2011〕632 号	工信部、公安部	2011. 12. 31
36	关于执行工信部联产业〔2011〕632 号文有关事项的通知	中机函〔2012〕11 号	中机中心	2012. 1. 17

续表

序号	文件名称	文件号	发布部门	发布时间
37	关于实施重型商用车辆燃料消耗量管理的通知	工信部联产业〔2012〕12 号	工信部、交通部	2012. 1. 6
38	关于调整集装箱运输半挂车额定载质量技术要求的通知	中机函〔2011〕198 号	中机中心	2011. 11. 23
39	关于规范皮卡车产品有关事项的通知	中机函〔2011〕75 号	中机中心	2011. 5. 30
40	关于规范“专用汽车专用功能检验项目”的通知	中机函〔2010〕196 号	中机中心	2010. 12. 10
41	关于同一集团、不同生产企业简化产品考核的通知	中机函〔2013〕262 号	中机中心	2013. 11. 1
42	关于规范“商标变化和异地生产简化产品考核”的通知	中机函〔2011〕018 号	中机中心	2011. 1. 27
43	关于调整《半挂车轮胎使用和评价规范性要求》的通知	中机函〔2010〕158 号	中机中心	2010. 10. 18
44	关于进一步加强道路机动车辆生产一致性监督管理和注册登记工作的通知	工信部联产业〔2010〕453 号	工信部、公安部	2010. 9. 4
45	关于加强汽车生产企业投资项目备案管理的通知		工信部	2009. 4. 1
46	道路机动车辆产品检测工作监督管理规定	工产业〔2009〕第 26 号	工信部	2009. 2. 2
47	关于办理《公告》车辆产品检测授权有关事项的通知	工信部产业〔2009〕312 号	工信部	2009. 6. 26

2.6 《道路机动车辆生产企业及产品公告》申报流程

《道路机动车辆生产企业及产品公告》（以下简称《车辆生产企业及产品公告》）申报流程主要包括企业申报环节、检测机构试验报告上传环节、技术审查环节、发布环节。

《道路机动车辆生产企业及产品公告》申报流程见图2－9。

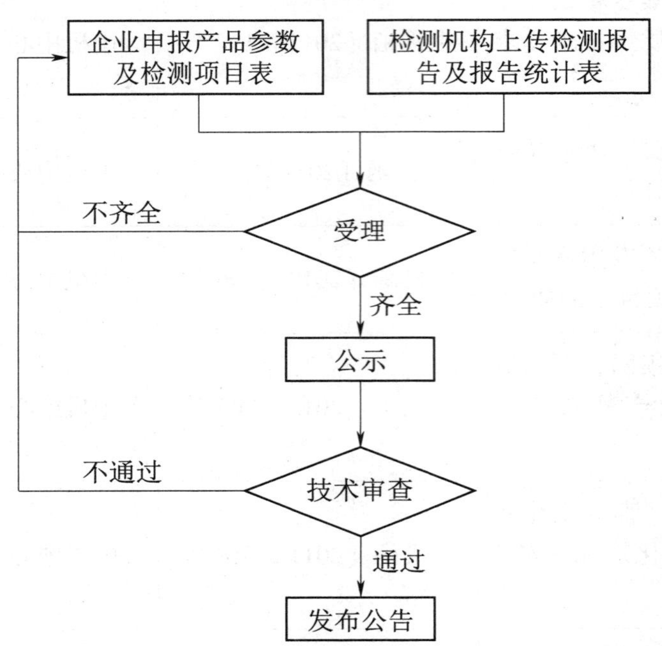

图2－9 《道路机动车辆生产企业及产品公告》申报流程

2.6.1 企业申报环节

企业申报的产品公告有新产品申报、变更扩展申报、勘误申报、整改申报、暂停恢复申报等，申报方式均通过申报软件进行网络申报。由企业进入中国汽车技术研究中心数据资源中心网站 http：//www. catarc. info/index. htm 下载离线申报软件：“《车辆生产企业及产品公告》离线填报和数据管理系统3.0版”，并向中机中心申请获得用户名、密码。密码每月变更一次，由中机中心每月底发送次月密码至指定邮箱，并需要用解密软件解密后方可使用。企业在离线申报软件中填报各项参数完毕后，上传至在线系统（服务器端）中，网址：http：//gonggao. org. cn：18082/MAI/Jsp/cpmanage/login. jsp，在在线系统（服务器端）中仔细检查核对，点击“提交”按钮，中机中心专家便可以审核该产品了。企业公告申报每月一次，截止日期一般为每月10日。

一、新企业开户

（一）新企业开户条件

新企业开户的前提条件是应在工信部《车辆生产企业及产品公告》进行公示或者发布。需要提供的资料如下：

（1）企业营业执照复印件。

（2）组织机构代码证。

（3）商标证书复印件（12类）（商标必须为文件字标）。

（4）生产地址证明函。

（5）委托人证明函、身份证复印件。

（6）企业代码预留证明。

（7）基本信息（企业地址、邮政编码、电话、传真、邮箱、网址、联系人）。

（二）新企业信息登记

新企业信息应在离线申报软件中进行填报登记，登记内容见图2－10。

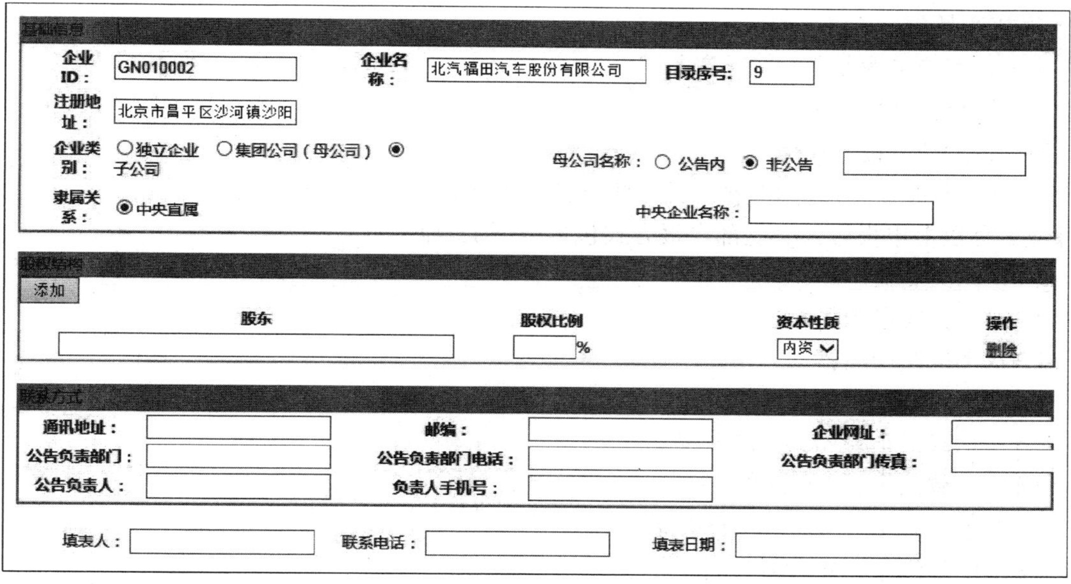

基础信息

企业ID：GN010002　企业名称：北汽福田汽车股份有限公司　目录序号：9

注册地址：北京市昌平区沙河镇沙阳

企业类别：○独立企业　○集团公司（母公司）　◉子公司　母公司名称：○公告内　◉非公告

隶属关系：◉中央直属　中央企业名称：

股权结构

添加

股东	股权比例	资本性质	操作
	%	内资	删除

联系方式

通讯地址：　邮编：　企业网址：

公告负责部门：　公告负责部门电话：　公告负责部门传真：

公告负责人：　负责人手机号：

填表人：　联系电话：　填表日期：

图2－10　新企业信息登记内容

（三）企业认证申报人员注册登记

新企业认证申报人员应在离线申报软件中进行注册登记，否则无法进行申报。认证申报人员注册登记填报内容见图2－11。

企业认证人员• 账户注册

1 填写账户信息　2 验证账户信息　3 注册成功

用户名：

姓名：

性别：◉男 ○女

出生年月：

职称：

部门：

身份证：

邮箱：

手机号：

申报类型：☐乘用车 ☐客车 ☐专用车 ☐载货汽车 ☐挂车 ☐新能源产品 ☐摩托车 ☐三轮汽车及低速货车

注册

查看人员列表>>

图2－11　新企业认证申报人员注册登记内容

二、申报软件介绍

企业申报的新产品、变更扩展、勘误申报、整改、暂停恢复等均在离线软件“《车辆生产企业及产品公告》离线填报和数据管理系统3.0版”中进行申报。

（1）首次使用离线申报软件，应先安装，并对相关参数进行设置，如用户名、密码、服务端端口数据等。

（2）参数设置完成后，进行加载，更新数据库。每月密码有变化（一般每月底更新密码），应进行重新设置。

企业所申报的产品通过离线申报软件申报完成后，需要通过“上传”功能将所申报的内容上传至“在线系统（服务器端）”中，在在线系统中“提交”后，中机中心才可以受理、审核产品。

（一）新产品申报

1. 新产品申报方式

1）新产品申报方式选择

新产品申报方式共有15种，同一型号的新产品只能选择1种申报方式填报，不得选择2种或2种以上申报方式。全部申报方式包括以下15种：

（1）三类底盘产品；

（2）二类底盘产品；

（3）半挂车产品；

（4）承载式车身M1类产品；

（5）承载式车身M2、M3类品；

（6）承载式车身N1类产品；

（7）承载式车身N2、N3类产品；

（8）甲醇汽车，M1类产品；

（9）甲醇汽车，M2、M3类产品；

（10）甲醇汽车，N2、N3类产品；

（11）空白；

（12）二类底盘改装N1类产品；

（13）二类底盘改装N2、N3类产品；

（14）采用国产整车改装M1类产品（产品型号为“5”字头）；

（15）采用国产整车改装非M1类产品（产品型号为“5”字头）；

第（4）、（5）、（6）、（7）类申报方式也称全项申报。

2）新产品申报方式要求

对于不同的产品，应选择合适的申报方式进行申报，不同的申报方式，其要求及内容也不相同。

（1）采用进口整车及进口底盘的改装车产品按照相应（4）、（5）、（6）、（7）类申报方式填报备案参数，在底盘类别处填写“二类底盘”“三类底盘”或“整车”。

（2）牵引车产品按照相应第（7）类申报方式填报备案参数。

（3）半承载式车身产品按照相应第（4）、（5）、（6）、（7）类申报方式填报备案参数，在底盘类别处填写“承载式车身”。

（4）一次性制造完成的产品按照相应第（4）、（5）、（6）、（7）类申报方式填报备案参数，在底盘类别处填写“二类底盘”“三类底盘”或“整车”。

（5）如果被作为同一型式的基础车型尚未完成检验，则基础车型应不晚于申请车型进行备案表的填报。

（6）如果改装车所采用的三类底盘、二类底盘或整车尚未登录《公告》，则其采用的三类底盘、二类底盘或整车应不晚于改装车进行备案表的填报。

（7）对于新能源产品，应在按照要求选择以上申报方式的同时，选择“新能源产品”。

（8）三类底盘改装的车辆须采用全项申报的方式。

2. 新产品申报内容

企业在申报新产品公告时，在离线软件中主要有四大部分需要进行填报。分别是产品基本情况、技术参数、方案表、备案参数、申报照片及简图。

1）产品基本情况填报

产品基本情况要填报的内容举例见图 2－12。

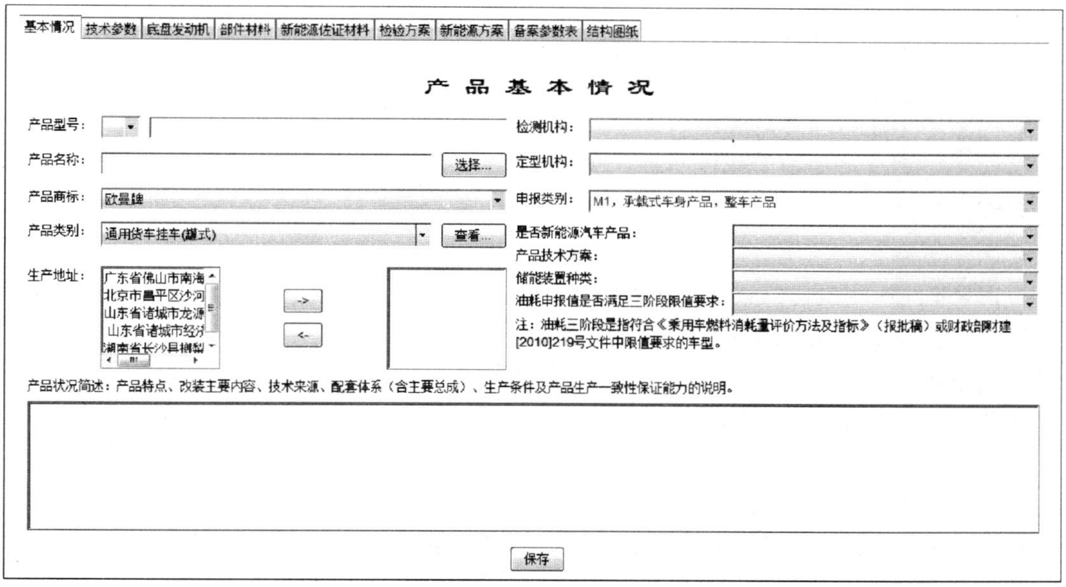

图 2－12　产品基本情况填报的内容举例

在图 2－12 中，需要注意以下内容。

（1）产品型号：企业名称代号＋车辆型号。

企业名称代号是车辆生产企业的车辆产品型号中必须标示的前几位字母，代表生产车辆的集团，关系到每个企业产品开题号的唯一性。对于新企业，应首先向中机中心申请企业名称代号并备案。

如企业名称代号备案地点、联系方式：

北京市丰台区南四环西路 188 号总部基地二区 7 号楼 403。

联系人：张春荣　电话：010－63702332。

（2）产品名称，为规范《公告》内专用车及挂车产品名称，要求企业所申报的产品名称必须符合 GB/T 17350—2009《专用汽车和专用挂车术语、代号和编制方法》要求。企业申报的产品名称必须是 GB/T 17350—2009 内的产品名称，或是备案通过的名称。对企业“5”字头产品及“9”字头产品，在软件中增加了专用车名称校验功能。

如 BJ5140XXY 厢式运输车：

校验是“5”字头；

在符合“5”字头的条件下存在“厢式运输车”；

厢式运输车对应的结构特征代号为 X；

厢式运输车对应的用途特征代号为 XY。

(3) 产品商标，新增商标必须有国家商标注册证明。商标必须是 12 类；商标为文字商标，不应为图形商标。

(4) 生产地址，选择多个生产地址时，可以依次添加。

(5) 检测机构，新产品强制检测机构及定型机构必须选择。

目前整车及零部件强制性检测机构主要有以下几个：

① 国家轿车质量监督检验中心；

② 国家汽车质量监督检验中心；

③ 国家汽车质量监督检验中心（襄樊）；

④ 国家机动车质量监督检验中心（重庆）；

⑤ 国家客车质量监督检验中心；

⑥ 国家工程机械质量监督检验中心；

⑦ 国家消防装备质量监督检验中心；

⑧ 国家机动车产品质量监督检验中心（上海）。

对于零部件检测机构，目前主要有以下几个：

① 北方汽车质量监督鉴定试验所；

② 北京理工大学电动车辆工程技术中心；

③ 清华大学汽车安全节能国家重点实验室；

④ 威凯检测技术有限公司；

⑤ 信息产业部化学物理电源产品质量监督检验中心。

(6) 产品技术方案选择，指新能源汽车的技术方案选择。目前主要有以下几种选择：

① 插电式混合动力汽车；

② 纯电动乘用车、商用车；

③ 燃料电池汽车；

④ 其他混合动力汽车；

⑤ 氢发动机汽车；

⑥ 甲醇汽车；

⑦ 二甲醚汽车。

(7) 储能装置种类，是指新能源电池系统。目前主要有以下几种选择：

① 锂离子动力蓄电池；

② 金属氢化物镍动力蓄电池；

③ 铅酸蓄电池；

④ 锌空气蓄电池；

⑤ 超级电容器。

2）技术参数填报

技术参数的填报内容主要包括车型技术参数、底盘和发动机数据、选装部件材料清单。技术参数填报的内容是公安车管部门上牌的主要依据，填报时不能出现任何差错。

（1）车型技术参数的填报内容见图 2－13。

车 型 技 术 参 数

1.外形尺寸(mm)：　长：　宽：　高：

2.燃料种类：		3.排放依据标准：	
5.转向形式：		7.轴数：	
8.轴距(mm)：		9.钢板弹簧片数(前/后)：	
10.轮胎规格：		11.轮胎数：	
12.前轮距(mm)：		12.后轮距(mm)：	
13.总质量(kg)：		15.整备质量(kg)：	
19.额定载客(含驾驶员)(座位数)：		21.接近角/离去角(°)：	
22.前悬/后悬(mm)：		23.最高车速(km/h)：	
29.轴荷(数目与轴数对应)：		30.排放水平：	
31.油耗申报值(L/100km)：		32.防抱死制动系统：	无

26.车辆识别代号(VIN)：　×

图 2－13　车型技术参数的填报内容

（2）底盘和发动机数据的填报内容见图 2－14。

底 盘 和 发 动 机 数 据

24.底盘型号	24.生产企业	24.底盘类别

25.发动机型号	25.生产企业	4.排量（ml）	4.功率（kW）

添加发动机　删除发动机

图 2－14　底盘和发动机数据的填报内容

注：① 公告内底盘，填写底盘 ID 后，底盘型号、生产企业、底盘类别从数据库代入。

② 非公告内底盘，底盘型号不允许是底盘库内型号。

（3）选装部件材料清单的填报内容见图2－15。

选装部件材料清单

项目	说明		文件
选装部件1		◉ 选择文件 ○ 删除文件	
选装部件2		◉ 选择文件 ○ 删除文件	
选装部件3		◉ 选择文件 ○ 删除文件	

图2－15　选装部件材料清单的填报内容

注：选装部件材料清单是上传提供专家审查用的一些证明材料，如相关证明、车型结构介绍等，选装部件材料清单中包含选装件、防护3＋1照片。

（4）对于新能源汽车产品，还需填报新能源佐证材料，见图2－16。

基本情况 | 技术参数 | 底盘发动机 | 部件材料 | 新能源佐证材料 | 检验方案 | 新能源方案 | 备案参数表 | 结构图纸

新能源佐证材料

项目	说明		文件
A. 产品状况简述（包括新技术、新结构原理说明）		◉ 选择文件 ○ 删除文件	
B. 产品企业标准或技术规范		◉ 选择文件 ○ 删除文件	
C. 产品检验规范		◉ 选择文件 ○ 删除文件	
D. 售后服务承诺		◉ 选择文件 ○ 删除文件	
E. 省级工业和信息化主管部门关于示范运行区			

保存

图2－16　新能源汽车佐证材料的填报内容

3）备案参数填报内容

备案参数的填报内容包括备案参数和简图，其格式见图2－17和图2－18。备案参数与技术参数的填报要求见表2－17。

备案参数

QB002_底盘生产地址：	
QB003_车辆类型：	
QB004_车身或驾驶室型式：	
QB005_车身或驾驶室型号：	
QB006_车身或驾驶室生产企业：	

图2－17　备案参数

汽车产品主要结构图纸备案表

项目	说明		文件
QI001_正前照片 查看填报说明		选择文件 删除文件	
QI004_左前45°照片 查看填报说明		选择文件 删除文件	
QI007_车辆主要尺寸和外部灯具的安装位置尺寸简图 查看填报说明		选择文件 删除文件	

图2－18　简图

表 2-17　备案参数及技术参数的填报要求

项目序号	项目名称	项目填报要求
QA001	产品商标	填报文字商标或图形商标
QA002	产品型号	1. 按照《汽车和挂车产品型号编制规则》要求编写； 2. 专用汽车按照 GB/T 17350 要求编写（在 GB/T 17350 中暂时没有对应车型的，应事先到中机备案）； 3. 新能源汽车产品型号编制应符合常规汽车的要求，但电动轿车型号编制还应注意：混合动力轿车主参数代号与常规汽车相同，均为发动机排量；发动机只用于发电，而不直接驱动车辆的情况（包括发动机功率较小，主要用于延长续驶里程的情况），属于串联式混合动力，也按同样要求编制型号
QA003	产品名称	1. 专用汽车按照 GB/T 17350 填写（在 GB/T 17350 中暂时没有对应车型的，应事先到中机备案）； 2. 其他车型按照 GB/T 3730.1 填写，属于乘用车的，应按照 QC/T 775 的要求填写； 3. 新能源汽车产品名称中应能体现出产品特征，如"混合动力××车/底盘、纯电动××车/底盘、燃料电池××车/底盘、二甲醚××车/底盘"等
QA004	企业名称	企业《公告》内名称
QA006	底盘型号	1. 按照《汽车和挂车产品型号编制规则》要求编写； 2. 专用汽车底盘按照 GB/T 17350 要求编写（在 GB/T 17350 中暂时没有对应车型的，应事先到中机备案）； 3. 新能源汽车底盘型号编制要求同 QA002，另应注意：改装类商用车企业采用自制新能源汽车底盘申报整车时，应采用承载式车身全项申报的方式，不能单独申报底盘产品公告，但可在本栏中填报企业内部的底盘或整车型号
QA007	底盘型号	
QA008	底盘 ID 号	属同期申报的，填"同期申报"
QA009	底盘 ID 号	/
QA010	底盘生产企业名称	1. 填报企业《公告》内名称。 2. 改装类商用车企业采用自制新能源汽车底盘申报整车时，可在本栏中填报本企业名称
QA011	底盘生产企业名称	/

续表

<table>
<tr><th>项目序号</th><th>项目名称</th><th>项目填报要求</th></tr>
<tr><td>QA012</td><td>底盘名称</td><td>1. 专用汽车底盘按照 GB/T 17350 填写（在 GB/T 17350 中暂时没有对应车型的，应事先到中机备案）；
2. 其他车型底盘按照 GB/T 3730. 1 填写，属于乘用车底盘的，应按照 QC/T 775 的要求填写</td></tr>
<tr><td>QA013</td><td>底盘名称</td><td>/</td></tr>
<tr><td>QA014</td><td>底盘商标</td><td rowspan="2">填报文字商标或图形商标</td></tr>
<tr><td>QA015</td><td>底盘商标</td></tr>
<tr><td>QA016</td><td>底盘类别</td><td rowspan="2">1. 底盘产品填报“二类底盘”或“三类底盘”（对于具有底盘生产阶段，但按照一次性制造完成申报方式申报的产品，按照相应底盘形式填报）；
2. 承载式和半承载式产品填报“承载式车身”；
3. 整车改装产品填报“整车”；
4. 牵引车产品不得填报此栏；
5. 改装类商用车企业采用自制新能源汽车底盘申报整车时，可按常规汽车的填报方法，分别填“整车”“承载式车身”“二类底盘”或“三类底盘”</td></tr>
<tr><td>QA017</td><td>底盘类别</td></tr>
<tr><td>QA018</td><td>外形尺寸长（mm）</td><td>1. 数据内容为多个时，应以半角格式的“,”隔开，中间不留空格。
2. 对于专用作业车，含前伸和后伸尺寸</td></tr>
<tr><td>QA019</td><td>外形尺寸宽（mm）</td><td>数据内容为多个时，应以半角格式的“,”隔开，中间不留空格</td></tr>
<tr><td>QA020</td><td>外形尺寸高（mm）</td><td>1. 填报空载状态车辆高度；
2. 三类底盘不填此栏</td></tr>
<tr><td>QA021</td><td>燃料种类</td><td>1. 填报汽油、柴油、LPG、NG、汽油和 LPG 两用燃料、柴油和 LPG 双燃料等；
2. 纯电动汽车填报“纯电动”；
3. 混合动力汽车填报“汽油混合动力”或“柴油混合动力”等；
4. 燃料电池汽车填报“氢气”“氢气＋氧气”等；
5. 二甲醚汽车填报“二甲醚”</td></tr>
</table>

续表

项目序号	项目名称	项目填报要求
QA022	排放依据标准	1. 填写试验依据的现行国家标准，如依据多个排放标准，应以半角的“,”隔开，中间不留空格。 2. 如果标准为分阶段执行，应按标准的表示方法注明是第几阶段［如：GB 17691—2005（国Ⅲ阶段），GB 18352.3—2005（国Ⅲ阶段）］； 3. 混合动力汽车：按常规汽车填报； 4. 纯电动汽车、燃料电池汽车、二甲醚汽车：不填此栏
QA023	排放水平	1. 填报“国Ⅲ”“国Ⅳ”等； 2. 混合动力汽车：按常规汽车填报； 3. 纯电动汽车、燃料电池汽车、二甲醚汽车：不填此栏
QA024	转向形式	填写“方向盘”
QA025	货厢栏板内尺寸长（mm）	1. 应填写车厢内部最大尺寸，数据内容为多个时，应以半角格式的“,”隔开，中间不留空格； 2. 对栏板高度有要求的车辆需要填报此栏，包括：普通栏板车、厢式车、仓栅车、篷式车、自卸车、随车起重运输车等，不含客厢式货车和自装卸式车； 3. 仓栅车、篷式车应填写栏板部分尺寸
QA026	货厢栏板内尺寸宽（mm）	
QA027	货厢栏板内尺寸高（mm）	
QA028	轴数	应以阿拉伯数字的形式填写，对于线轴结构的低平板半挂车，可写一线两轴或两线四轴
QA029	轴距（mm）	多桥的轴距应分别填写，之间用“+”隔开，数据内容为多组值时，应分组填写并以半角“,”隔开，中间不留空格。对于半挂车应为（牵引销至第1轴）距离+（1-2）轴距离+……
QA030	钢板弹簧片数（前/后）	填写单侧的钢板弹簧片数，单轴只填一个数字，多轴的以“/”隔开；非钢板弹簧的用半角的“-”代替。有主副簧的，以“主簧片数+副簧片数”的型式表达，有多组钢板弹簧片数时，应分组填写并以半角格式的“,”隔开，中间不留空格。如：“3/6，6/8”；对于半挂车按轴分别填写后钢板弹簧片数，前钢板弹簧片数应以半角下的“-”表示，如：-/8/8/8（以三轴半挂车为例）。钢板弹簧与空气悬架串联的复合悬架，例如三片钢板弹簧与两个气囊并联用“3+-”表示

续表

项目序号	项目名称	项目填报要求
QA031	轮胎规格	1. 按照 GB 2977、GB 2978（GB 9744、GB 9743）标准中的“轮胎规格”栏填写轮胎规格（非标轮胎暂不允许使用）； 2. 前后一样，只填写一个即可，前后不一样，以“前轮轮胎型号/后轮轮胎型号”的型式表达。选装多种轮胎时，不同规格之间应以半角格式的“,”隔开，中间不留空格
QA032	轮胎数	以阿拉伯数字的形式填写轮胎总数（不包括备胎）
QA033	前轮距（mm）	数据内容为多个时，应以半角“,”隔开，中间不留空格；对于半挂车前轮距应填写半角下的“-”
QA034	后轮距（mm）	后轮距填写应与轴数对应分别填写，并用“/”分隔。如：1840/1840/1840。一线两轴的布置情况应填写最外轮中心距
QA035	总质量（kg）	1. 底盘应填写最大允许总质量； 2. 载货汽车应为额定载质量、整备质量、驾驶室准乘人数（按 65kg/人核算）之和； 3. 半挂牵引车总质量为鞍座最大允许载质量、驾驶室准乘人数（按 65kg/人核算）、整备质量和牵引车自身最大设计装载质量（如有的话）之和； 4. 运输类专用车辆总质量为驾驶室准乘人数（按 65kg/人核算，消防车按 75kg/人核算）、整备质量、载质量之和；作业类专用车辆总质量为驾驶室准乘人数（按 65kg/人核算，消防车按 75kg/人核算）、整备质量之和，不得填报载质量； 5. 乘用车、专用乘用车、客车和专用客车不得填报载质量，其总质量应≥整备质量+乘员质量（乘用车和专用乘用车按 65kg/人核算，客车按 GB/T 12428—2005 标准中规定核算，小学生按照 48kg/人核算）； 6. 清障车的总质量为整备质量、驾驶室准乘人数（按 65kg/人核算）、托举质量、载质量（如有的话）之和
QA036	轴荷（kg）	1. 填写满载时轴荷并与轴数相对应，以“/”隔开。当为并装轴时，并装轴的轴荷应合在一起，并在数字后注并装双/三轴，如：17500（并装双轴）。双转向轴不是并装双轴，轴荷应分别填写。

续表

项目序号	项目名称	项目填报要求
QA036	轴荷（kg）	2. 对于底盘应填写最大允许总质量时相应轴荷。多组数据时，按每种总质量分别填写，中间以半角“,”隔开，中间不留空格。 3. 对于半挂车，前轴轴荷应以半角下的“-”表示，只填写满载时后轴轴荷并与轴数相对应，当为并装轴时，并装的几个轴轴荷应合在一起，并在数字后面注明并装双/三轴，如：-/17500（并装双轴）。一线两轴、二线四轴低平板半挂车按线填写，如：两线四轴：-/12000/12000
QA037	额定载质量（kg）	1. 载货类汽车应填写“载货质量”（不含人）； 2. 越野载货汽车应填公路载质量（无公路载质量时填报越野载质量）。 3. 对于填报额定载质量的运输类专用汽车和运输类专用半挂车，应满足：总质量=整备质量+乘员质量+额定载质量
QA038	整备质量（kg）	多个数值应以半角“,”隔开，中间不留空格。
QA039	准拖挂车总质量（kg）	1. 牵引车必须填写准拖挂车总质量（可以按照发动机配置对应填报多个数值，中间以半角“,”隔开，中间不留空格）； 2. 具有拖挂功能的车辆也应填写允许拖挂总质量
QA040	质量利用系数	1. 以国家标准规定的全数值修约方法修约到小数点后两位进行填报，但按照修约前的计算数值进行评价。有多个数值时，中间以半角“,”隔开，中间不留空格； 2. 对不要求质量利用系数的车型不填；随车起重运输车不填，但按规定的方法计算应符合栏板式载货汽车的要求
QA041	半挂车鞍座最大允许承载质量（kg）	1. 牵引车填写鞍座最大允许承载质量（对于准拖挂车总质量填报多个数值的产品，应填报最大值）； 2. 半挂车填写满载时牵引销处最大允许承载质量
QA042	额定载客（含驾驶员）（座位数）（人）	1. 城市客车载客人数和座位数应分别填写，中间用“/”隔开。其他客车，只填写含驾驶员的座位数，如座位数为范围时应以半角“-”表示； 2. 因选装乘客门引起额定载客人数变化时，应填报多个数值并以半角“,”隔开，中间不留空格； 3. 整车改装的专用客车（如客厢式工程车、救护车、运钞车等）座位数填入此栏；

项目序号	项目名称	项目填报要求
QA042	额定载客（含驾驶员）（座位数）（人）	4. 二类底盘、三类底盘改装的工程车、救护车、运钞车等，准乘人数（含驾驶员）大于 6 人时填入此栏； 5. 此栏与 QA043 项不得同时填报
QA043	驾驶室准乘人数（人）	1. 三类底盘不填。对于二类底盘或整车，不含卧铺核定的人数； 2. 对于双排的驾驶室，应将第一排与后排乘坐人数分开填写，并以半角格式的“+”隔开，即第一排乘坐人数+其他排乘坐人数； 3. 二类底盘、三类底盘改装的工程车、救护车、运钞车等，准乘人数（含驾驶员）不大于 6 人（或者较原底盘不变）时填入此栏； 4. 此栏与 QA042 项不得同时填报
QA044	接近角（°）/离去角（°）	以国家标准规定的全数值修约方法修约到整数。内容为多组值时，应分组填写，并以半角“,”隔开。对于半挂车接近角应以半角下的“-”表示，只填写离去角，如：-/17；三类客车底盘不填报此栏
QA045	前悬（mm）/后悬（mm）	1. 以车辆的固定部分计算，车辆上部安装的能够活动的部分不计；对于客车，特殊作业的机动车，后悬应以车身外蒙皮尺寸计算，如后保险杠突出于后背外蒙皮，则以后保险杠尺寸计算，不计后尾梯。 2. 多组数据应分组填写，并以半角“,”隔开。对于半挂车，前悬应以半角下的“-”表示，只填写后悬，如：-/1600
QA047	最高车速（km/h）	1. 以国家标准规定的全数值修约方法修约到整数。多个数值以半角“,”隔开，中间不留空格。 2. 半挂车不填报此栏； 3. 对于各种电动汽车：这里的最高车速指 1km 最高车速，而不是 30 分钟最高车速；混合动力汽车按混合动力模式下的 1km 最高车速填报
QA048	发动机型号	1. 同一型号的发动机应符合《车辆产品同一型号技术条件》的要求； 2. 纯电动汽车、燃料电池汽车：填写驱动电机型号，后面用括号注明电动机。如有多个驱动电机同时装在一辆车上，中间用半角“/”隔开；如驱动电机有多种配置，应和常规汽车的发动机一样，分行填写

续表

项目序号	项目名称	项目填报要求
QA049	发动机生产企业	1. 填写进入发动机数据库的发动机生产企业； 2. 纯电动汽车、燃料电池汽车：填报驱动电机的生产企业
QA050	发动机排量（mL）	1. 以国家标准规定的全数值修约方法修约到整数（mL）； 2. 纯电动汽车和燃料电池汽车：不填此栏
QA051	发动机功率（kW）	1. 常规汽车应填报发动机额定功率； 2. 纯电动汽车和燃料电池汽车：填报驱动电机的额定功率，后面用括号注明电动机额定功率；如有多个驱动电机同时装在一辆车上，中间用半角“/”隔开
QA052	油耗（L/100km）	1. 总质量大于 3 500kg 的车辆不填此栏；挂车不填此栏； 2. 底盘、带有专用作业装置的车辆（扫路车、洒水车、防弹运钞车等）、消防车、警车、工程抢险车和救护车、不能燃用汽油和柴油的汽车不填此栏； 3. 总质量不大于 3 500kg 的其他（除以上第 1、2 条规定）车辆均应填写（含混合动力汽车），数值为企业技术条件（或企业标准）规定的综合油耗数值（即油耗申报值）。 4. 选装多种发动机时应与“发动机型号”相对应；存在自动挡和手动挡选装的，分别填写自动挡油耗和手动挡油耗；二排、三排座、不同整备质量的也可分别填写。如未按照发动机型号、变速器型式、座位数和整备质量的不同进行区分填报，则认为满足同样的企业填报限值要求。 5. 乘用车、客车整车改装运输类车辆直接填报原车油耗； 6. 油－电混合的轻型混合动力汽车：按 GB/T 19753 测量并填报； 7. 气－电混合动力汽车、重型混合动力汽车、二甲醚汽车、纯电动汽车、燃料电池汽车：不填此栏
QA053	VIN	1. 应填写前 8 位，其他位必须以数学符号中的“×”（乘号）表示； 2. 第三位为 9 时，除填写前 8 位外，还应填写第 12、13、14 位，其他位以数学符号中的“×”（乘号）表示。 3. 此栏不能填写文字说明； 4. 改装类商用车企业自制新能源汽车底盘申报整车，应填写按批准备案的 VIN 编码规则编写的 VIN

续表

项目序号	项目名称	项目填报要求
QA054	其他	应在此栏填报的内容包括： 1. 罐式汽车填写运输介质名称、密度、总容积、罐体有效容积及罐体外形尺寸；混凝土搅拌车填搅拌容积。容积单位应填“立方米”，不应填写“M3”或“m3”。 2. 仓栅式、篷式车的车厢底板到顶部高度；篷式车还应注明“侧面不开门”。 3. 随车起重运输车的起重机的型号、质量（kg）、最大起升载荷（kg）。 4. 车长超过 13 米的车辆运输半挂车，应注明所配半挂牵引车型号。 5. 车长超 10 米的二轴罐式半挂车应注明牵引车为三轴。 6. 集装箱半挂车运送的集装箱尺寸。 7. 厢式半挂车和具有不同车室的厢式货车应注明车厢顶部封闭，不可开启。 8. 发动机净功率值：如不填净功率，净功率的计算按额定功率的 90% 计。 9. 清障车的托举质量。 10. 应装行驶记录仪的车辆应填写“应装行驶记录仪”。 11. 集装箱半挂牵引车鞍座承载面空载离地高，单位 mm。 12. 对于小鹅颈或车架上平面在一个完整水平平面内的集装箱运输半挂车填写牵引销处的车架总高度，对于大鹅颈集装箱运输半挂车填写货台空载离地高，单位 mm。 13. 新能源汽车除需按常规汽车要求填写有关内容外，至少还需填写以下内容（适用时）： （1）产品的技术阶段（填写起步期、发展期、无过渡期限制条件的成熟期、有过渡期限制条件的成熟期）； （2）起步期产品：批准示范运行的区域、范围和条件；发展期产品和有过渡期限制条件的成熟期产品：批准销售的区域、范围、条件；区域应具体到城市；申报新能源汽车底盘时，不注明运行区域、范围和条件； （3）混合动力汽车填报：是否仅具有怠速起停功能；是否允许外接充电； （4）储能装置的种类、生产企业（储能装置的定义见注2）；

续表

项目序号	项目名称	项目填报要求
QA054	其他	(5) 申报的新能源汽车整车是采用已公告或同期申报的新能源汽车整车或底盘改装而成的产品，不申报本条中的第 (1) (3) (4) 项。 14. 改装车如果仅采用底盘的部分发动机、轮胎，则需填写“仅用××发动机、××轮胎”。 15. 有关 VIN 的说明。(不含有效期) 16. 汽车起重机及类似车辆的前伸、后伸。 17. 低平板半挂车应注明货台空载离地高 (mm) 及“仅运送不可拆解物体”。 18. 装有随动桥的车型注明“随动桥不可提升”。 19. 运送危险货物的品名及其类项号。 20. 越野载货汽车的越野载质量和越野总质量。 21. 最大总质量超过 55 000kg 的汽车起重机、消防车、混凝土泵车、清障车、沙漠车、油田作业类车辆等需要在此栏注明“超限”。最大总质量不超过 55 000kg 的上述车辆及其他产品，若不符合 GB 1589，也需要在此栏注明“超限”。 22. 对于最大总质量超过 26 000kg 的作业类车辆，应在其底盘“其他”栏注明改装允许总质量和只允许改装的超限车品种。 23. 自卸汽车和自卸半挂车注明货厢自卸方式（后卸、侧卸和三面自卸等）；多个货厢的自卸车，应注明货厢栏板尺寸对应关系。 24. 专用车辆的专用功能和专用装置描述。 25. 车长大于 13m、小于 14.6m 的整体封闭式半挂车，应注明“仅可在高等级公路上使用”。 26. 选装部件名称及其他内容
QA055	反光标识型号	多个型号应以半角“,”隔开，中间不留空格
QA056	反光标识商标	多个商标应以半角“,”隔开，中间不留空格
QA057	反光标识生产企业	多个生产企业应以半角“,”隔开，中间不留空格
QA058	防抱死制动系统	仅填报“有”“无”或者“选装”

续表

项目序号	项目名称	项目填报要求
QB001	生产地址	公告内许可的生产地址。多个生产地址生产的，多个地址应以半角“,”隔开，中间不留空格
QB002	底盘生产地址	
QB003	车辆类型	1. 按照 GB/T 15089—2001 规定，填写 M1、M2、M3、N1、N2、N3、O1、O2、O3、O4。 2. 对于具有单一车室的厢式运输车辆，按照乘员质量（驾驶员质量除外）和额定载质量的大小确定其车辆类型。当乘员质量大于额定载质量时，属 M 类车辆；当乘员质量不超过额定载质量时，属 N 类车辆
QB004	车身或驾驶室型式	1. 承载式车身产品填“承载式车身”； 2. 非承载式车身客车产品填“非承载式车身”； 3. 非承载式货车类产品填写“单排”“双排”“排半”、是否带卧铺、是否可翻转等
QB005	车身或驾驶室型号	/
QB006	车身或驾驶室生产企业	/
QB007	车身本体材料	填写车身或驾驶室的本体材料，如“金属”或“玻璃钢”等
QB008	最小离地间隙（mm）	填写满载状态最小离地间隙
QB009	最小转弯直径（m）	以国家标准规定的全数值修约方法修约到小数点后一位数值
QB0091	轮胎气压（MPa）	前后一样，只填写一个即可，前后不一样，以“前轮轮胎气压/后轮轮胎气压”的型式表达。选装多种轮胎时，不同规格之间应以半角格式的“,”隔开，中间不留空格
QB0092	轮胎层级	前后一样，只填写一个即可，前后不一样，以“前轮轮胎层级/后轮轮胎层级”的型式表达。选装多种轮胎时，不同规格之间应以半角格式的“,”隔开，中间不留空格
QB0093	轮辋规格	1. 按照 GB/T 3487—2005《汽车轮辋规格系列》填写； 2. 前后一样，只填写一个即可，前后不一样，以“前轮轮辋/后轮轮辋”的型式表达。选装多种轮辋时，不同规格之间应以半角格式的“,”隔开，中间不留空格

续表

项目序号	项目名称	项目填报要求
QB010	带双车轮的车轴数	用阿拉伯数字填写
QB011	带双车轮车轴位置	按照“第一轴”“第二轴”“第三轴”……填写
QB012	转向轴数量	用阿拉伯数字填写
QB013	转向轴位置	按照“第一轴”“第二轴”“第三轴”……填写
QB014	转向轴满载轴荷（kg）	对于双转向轴的，应按照“前/后”填写
QB015	驱动型式	1. 按照“2 倍轴数 ×2 倍驱动轴数”填写。当车辆为全驱动车型时，应在此栏注明是否为全时驱动； 2. 如电动汽车采用轮边电机或轮毂电机驱动，应按照常规汽车填报，并在后面用括号注明轮边电机驱动或轮毂电机驱动
QB016	驱动轴位置	按照“第一轴”、“第二轴”、“第三轴”……填写
QB017	驱动轴数量	用阿拉伯数字填写
QB0171	前桥（轴）型号	驱动桥是下列等部件构成的总成：壳体\左右半轴\转向节\差速器\摆臂\轮毂\轴承\主减速器\悬架弹簧\减振器；非驱动桥是下列部件等构成的总成：车轴（含拖臂总成）\轮毂\轴承\悬架弹簧\减振器；前桥、后桥备案参数要根据具体情况填写
QB0172	前桥（轴）生产企业	同上
QB0173	后桥（轴）型号	存在多轴时，按照“第二轴型号”“第三轴型号”“第四轴型号”……填写
QB0174	后桥（轴）生产企业	同上
QB018	前悬架型式	描述弹性元件种类、是否为独立悬架等
QB019	后悬架型式	同上
QB020	发动机布置型式	填写“横置”或“纵置”
QB021	发动机位置	填写“前置”“中置”或“后置”

续表

项目序号	项目名称	项目填报要求
QB022	“R”点坐标	仅填报驾驶员座椅“R”点坐标（制造厂规定的整车设计基准点坐标）。按照“X：－；Y：－；Z：－”填写
QB023	“R”点坐标原点位置	用文字描述制造厂规定的“R”点坐标原点的具体位置
QB024	“R”点距地面垂直距离（mm）	仅填报驾驶员座椅“R”点距地面垂直距离
QB025	整车供电电压（V）	1. 不允许填报2个或2个以上数值； 2. 电动汽车填报辅助电路（照明、信号等）供电电压
QB0251	整车质心高度[（空载/满载）（mm）]	填写企业设计值的空载/满载整车质心高度
QB026	运送爆炸品的品名	1. 品名和类项号按照GB 12268—2005《危险货物品名表》填写； 2. 品名应填写中文正式名称，可以是“单一”条目名称，也可以是“类属”条目、“未另列明的”条目名称
QB0261	运送爆炸品的类项号	
QB027	运送剧毒化学品的品名	1. 品名和类项号按照GB 12268—2005《危险货物品名表》填写； 2. 品名应填写中文正式名称，可以是“单一”条目名称，也可以是“类属”条目、“未另列明的”条目名称
QB0271	运送剧毒化学品的类项号	
QB0274	除爆炸品、剧毒化学品外其他危险货物的品名	1. 品名和类项号按照GB 12268—2005《危险货物品名表》填写； 2. 品名应填写中文正式名称，可以是“单一”条目名称，也可以是“类属”条目、“未另列明的”条目名称
QB0275	除爆炸品、剧毒化学品外其他危险货物的类项号	
QB0276	用于运送爆炸品和剧毒化学品车辆的监控车载终端型号和生产企业	按照GB 20300标准需要配置监控车载终端的车辆填写

续表

项目序号	项目名称	项目填报要求
QB0277	运送危险货物车辆的类型	按照 GB 21668 的规定填写，EX/Ⅱ型车辆、EX/Ⅲ型车辆、FL 型车辆、OX 型车辆、AT 型车辆
QB028	专用装置名称	/
QB029	专用装置型号	/
QB030	专用装置生产企业	/
QB031	行驶记录仪型号	/
QB032	行驶记录仪生产企业	/
QB033	整备质量状态下，各轴质量分配（kg）	填写整备质量状态下轴荷并与轴数相对应，以“/”隔开。要求同第 QA036 项
QB034	车门数量	仅填写供乘员上下的车门总数
QB035	乘员数不超过 22 人的车辆类型	填写“A 级客车”或“B 级客车”
QB036	乘员数大于 22 人的车辆用途	填写“长途客车”“旅游客车”或“城市客车”
QB037	集装箱运输半挂车牵引销处的车架总高度（mm）	填写货台承载面至牵引销与牵引座结合面的距离
QB038	集装箱半挂牵引车鞍座承载面空载离地高（mm）	/
QB039	其他需要说明的内容	填写需要说明的其他内容，如组合情况等
QB040	牵引车鞍座前置距（mm）	/

续表

项目序号	项目名称	项目填报要求
QB0401	牵引车鞍座型号	普通牵引车填写鞍座型号，其他具用牵引功能的车辆填写牵引连接装置的型号
QB041	半挂车牵引销到车辆最前端距离（mm）	/
QB0411	半挂车牵引销型号	半挂车填写牵引销型号，其他被牵引车辆填写牵引连接装置的型号
QC001	发动机 ID 号	按照发布的发动机 ID 号填写
QC0011	发动机最大净功率（kW）	多种发动机配置的，应以半角“,”隔开，中间不留空格
QC002	发动机点火方式	填写“点燃式”或“压燃式”
QC003	发动机供油方式	汽油机指化油器、单点电喷、多点电喷等；柴油机指直列泵、分配泵、单体泵、高压共轨等
QC004	发动机进气方式	填写“自然吸气”“增压”“增压中冷”
QC005	发动机冷却方式	填写“风冷”或“水冷”
QC006	发动机燃烧室结构	仅对压燃式发动机，指直喷式、预燃室式、涡流燃烧式等
QC007	发动机气缸排列型式	填写“直列”“V 型排列”或“W 型排列”等
QC008	发动机气缸数目	用阿拉伯数字填写气缸总数
QC009	发动机缸心距（mm）	/
QC010	发动机气门数（进气/排气）	按照单缸气门数（进气/排气）填写
QC011	发动机缸径（mm）	/

续表

项目序号	项目名称	项目填报要求
QC012	发动机行程（mm）	/
QC0121	发动机单缸排量（mL）	以国家标准规定的全数值修约方法修约到整数
QC013	发动机容积压缩比	以国家标准规定的全数值修约方法修约到小数点后一位数，如 15.4∶1
QC014	发动机额定功率相应转速（r/min）	/
QC015	发动机最大扭矩（Nm）	/
QC016	发动机最大扭矩相应转速（r/min）	/
QC0161	最大扭矩转速时每冲程燃料供给量（mL）	/
QC0162	额定功率转速时每冲程燃料供给量（mL）	/
QC017	发动机怠速转速（r/min）	存在偏差时用 ± 表示
QC018	发动机高怠速转速（r/min）	仅对点燃式发动机，填写企业规定的（或按照标准要求的）高怠速转速
QC019	空滤器型号	/
QC020	空滤器生产企业	/
QC021	中冷器型号	/
QC022	中冷器生产企业	/

续表

项目序号	项目名称	项目填报要求
QC023	中冷器出口空气最高温度（℃）	/
QC024	增压器型号	/
QC025	增压器生产企业	/
QC026	喷油泵型号	仅对压燃式发动机
QC027	喷油泵生产企业	仅对压燃式发动机
QC028	调速器型号	仅对压燃式发动机
QC029	调速器生产企业	仅对压燃式发动机
QC030	喷油器型号	/
QC031	喷油器生产企业	/
QC0311	喷油器喷射压力（MPa）	仅对压燃式发动机
QC032	发动机 ECU 硬件型号	与发动机型号一一对应
QC0321	发动机 ECU 软体型号	同上
QC033	发动机 ECU 硬件生产企业	同上
QC0331	发动机 ECU 软体生产企业	同上
QC034	火化塞型号	仅对点燃式发动机
QC035	火化塞生产企业	仅对点燃式发动机
QC036	点火线圈型号	仅对点燃式发动机
QC037	点火线圈生产企业	仅对点燃式发动机

续表

项目序号	项目名称	项目填报要求
QC038	分电器生产企业	仅对点燃式发动机
QC039	分电器型号	仅对点燃式发动机
QC040	高压线生产企业	仅对点燃式发动机
QC041	高压线型号	仅对点燃式发动机
QC042	发电机型号	指与常规汽车功能相同的、为低压辅助电路供电的发电机，包括仅具有怠速起停功能的混合动力汽车的发电机。为电动汽车驱动电机和车载能源供电的发电机不填入此栏
QC043	发电机生产企业	为电动汽车驱动电机供电的发电机，以及仅具有怠速起停功能的混合动力汽车的起动电机不填入此栏；其他情况仍需填报
QC044	LPG/NG 燃气发动机燃料供给方式	混合装置、燃气喷射、液态喷射、单点、多点或直接喷射等
QC045	LPG/NG 压力调节器型号	/
QC046	LPG/NG 压力调节器生产企业	/
QC047	LPG/NG 蒸发器型号	/
QC048	LPG/NG 蒸发器生产企业	/
QC049	LPG 气化装置规格型号	/
QC050	LPG 气化装置规格生产企业	/
QC051	LPG/NG 混合装置规格型号	/
QC052	LPG/NG 混合装置生产企业	/

续表

项目序号	项目名称	项目填报要求
QC053	LPG/NG 喷射装置规格型号	/
QC054	LPG/NG 喷射装置生产企业	/
QC0541	LPG/NG 钢瓶型号	/
QC0542	LPG/NG 钢瓶生产企业	/
QC0543	LPG/NG 钢瓶认证号	按 GB 24160—2009 认证也可以
QC055	发动机最大进气阻力（额定转速、100%负荷）(kPa)	仅对重型汽车用发动机
QC056	发动机最大排气背压（额定转速、100%负荷）(kPa)	
QC057	由发动机驱动的附件允许吸收的最大功率(kW)	
QC058	氧传感器型号	同一车辆装配 2 个或 2 个以上氧传感器的，按照“前氧传感器型号/后氧传感器型号”填写。多个型号应以半角“,”隔开，中间不留空格
QC0581	氧传感器的安装位置	填写氧传感器在排气系统中的位置和基准距离
QC059	氧传感器生产企业	同一车辆装配 2 个或 2 个以上氧传感器的，按照“前氧传感器生产企业/后氧传感器生产企业”填写。多个生产企业应以半角“,”隔开，中间不留空格

续表

项目序号	项目名称	项目填报要求
QC060	催化转化器型号	同一车辆装配2个或2个以上转化器的，按照“前转化器型号/后转化器型号”填写。多个型号应以半角“,”隔开，中间不留空格
QC0601	催化转化器的容积（mL）	填写催化转化器壳体的内容积
QC0602	催化转化器壳体的型式	填写壳体封装型式，如：捆绑式（载体嵌入式周边封装）、塞入式（载体塞入式端头封装）、回转体式等
QC061	催化转化器生产企业	同一车辆装配2个或2个以上转化器的，按照“前转化器生产企业/后转化器生产企业”填写。多个生产企业应以半角“,”隔开，中间不留空格
QC062	催化转化器装车数量	填写同一车辆上装配的催化转化器数量
QC0621	催化转化器安装的位置	填写催化转化器在排气系统中的位置和基准距离
QC063	催化转化器的作用型式	填写“三效氧化还原型”等
QC0631	催化转化器正常工作温度范围（K）	/
QC0632	催化器反应所需的反应剂类型和浓度	/
QC0633	反应剂正常工作温度范围（K）	/
QC0634	反应剂补充频率	填写连续补充或者维修保养补充
QC064	催化单元的数目	/
QC0641	催化转化器贵金属总含量（g）和比例	/

续表

项目序号	项目名称	项目填报要求
QC0642	催化转化器载体的材料和结构	/
QC0643	催化转化器的孔密度	/
QC065	空气喷射系统型式	/
QC066	曲轴箱排放污染控制方式	仅对点燃式发动机。填写“计量孔”或“PVC 阀体”等
QC067	曲轴箱排放污染控制装置型号	仅对点燃式发动机
QC068	曲轴箱排放污染控制装置生产企业	仅对点燃式发动机
QC069	燃油箱型号	不能用油箱外形尺寸代替型号
QC070	燃油箱生产企业	多个生产企业应以半角“,”隔开，中间不留空格
QC071	燃油箱容积（L）	以国家标准规定的全数值修约方法修约到整数。车辆上配置多个油箱的，多个油箱容积之间用“+”连接。油箱有多种的，多个数值以半角“,”隔开
QC072	燃油箱材料	填写“金属”或“非金属”
QC073	燃油箱后端至车身最后端的距离（mm）	/
QC074	燃油箱呼吸阀设定压力（kPa）	仅对汽油燃油箱（指汽油燃油箱到活性炭罐的呼吸阀设定压力）
QC075	活性炭罐型号	仅对汽油发动机
QC076	活性炭罐生产企业	仅对汽油发动机
QC077	脱附贮存蒸气的控制方式	仅对汽油发动机，填写“机械式”或“电子式”等

续表

项目序号	项目名称	项目填报要求
QC078	EGR（废气再循环）型号	/
QC079	EGR（废气再循环）生产企业	/
QC080	颗粒物捕集器型号	/
QC081	颗粒物捕集器生产企业	/
QC0811	颗粒物捕集器型式和结构	/
QC0812	颗粒物捕集器的容积（mL）	填写颗粒物捕集器壳体的内容积
QC0813	颗粒物捕集器安装位置	填写颗粒物捕集器在排气系统中的位置和基准距离
QC0814	颗粒物捕集器再生方法或系统	/
QC0815	颗粒物捕集器再生系统正常工作温度范围（K）和压力范围（kPa）	/
QC0816	再生系统两次再生之间的ETC试验循环次数（n1）	/
QC0817	再生系统再生之间的ETC试验循环次数（n2）	/

续表

项目序号	项目名称	项目填报要求
QD001	变速器型式	1. 填写“手动挡”“MT”“自动挡”“AT”“自动变速器”“CVT”等； 2. 电动汽车如没有变速器，只有固定速比、不能换挡的中央减速器，也应填报此栏，并在括号中注明（中央减速器）。如是停车换挡的二档变速器，按常规变速器填写，并在后面用括号注明“停车换挡”
QD002	变速器挡位数	1. 用阿拉伯数字填写前进挡位总数。对于自动变速器（CVT）填写“N/A”； 2. 电动汽车如只有一个固定速比、不能换挡的中央减速器，填写阿拉伯数字“1”
QD003	变速器各挡位传动比	以国家标准规定的全数值修约方法修约到小数点后三位数。按照传动比由大到小（最后写倒车挡）的次序填写。配置多个变速器时，如果变速器传动比相同，则可以填写一组数据；如果变速器传动比不相同，则按照变速器型号次序分别填写，中间用“/”分开
QD004	变速器型号	/
QD005	变速器生产企业	/
QD006	主减速器速比（驱动桥速比）	以国家标准规定的全数值修约方法修约到小数点后三位数。如存在轮边减速器，按照“主减速器速比/轮边减速器速比”填写。多个数值应以半角“,”隔开，中间不留空格
QE001	转向盘型号	/
QE002	转向盘生产企业	/
QE003	转向盘直径（mm）	填写转向盘外缘直径
QE004	转向盘骨架材料	/
QE005	转向柱结构型式	填写“可伸缩吸能式”等

续表

项目序号	项目名称	项目填报要求
QE006	转向轴的侧面角度 α（°）	填转向轴的向上倾角
QE007	转向轴的平面角度 β（°）	填转向轴的侧向倾角
QE008	转向器型式	填写“循环球式”或“齿轮齿条式”等
QE009	转向器型号	/
QE010	转向器生产企业	/
QE011	转向助力型式	填写“真空助力”“液压助力”或“电动助力”等
QE012	行车制动系型式	填写制动介质、管路布置型式和制动器结构特征等
QE013	应急制动系型式	填写与行车制动系结合、与驻车制动系结合等
QE014	驻车制动系型式	填写驻车制动操纵方式，作用位置等
QE015	辅助制动系型式	1. 填写是否配置缓速器、排气制动等； 2. 电动汽车如具备再生制动功能，除按常规汽车配置情况填写外，还应填写“再生制动”，中间以半角“+”隔开，如“排气制动+再生制动”
QE016	制动助力器助力方式	1. 填写“真空助力”或“液压助力”等； 2. 如果电动汽车采用电动真空助力器，应填写“电动真空助力”
QE017	制动钳生产企业	前后一致时可以仅填报一个备案参数，前后不一致时按照“前/后”填写。多个生产企业应以半角“,”隔开，中间不留空格。左右一致时应仅填报一个备案参数
QE018	制动钳型号	前后一致时可以仅填报一个备案参数，前后不一致时按照“前/后”填写。多个型号应以半角“,”隔开，中间不留空格。左右一致时应仅填报一个备案参数
QE019	制动盘生产企业	前后一致时可以仅填报一个备案参数，前后不一致时按照“前/后”填写。多个生产企业应以半角“,”隔开，中间不留空格。左右一致时应仅填报一个备案参数

续表

项目序号	项目名称	项目填报要求
QE020	制动盘型号	前后一致时可以仅填报一个备案参数，前后不一致时按照“前/后”填写。多个型号应以半角“,”隔开，中间不留空格。左右一致时应仅填报一个备案参数
QE021	制动鼓生产企业	前后一致时可以仅填报一个备案参数，前后不一致时按照“前/后”填写。多个生产企业应以半角“,”隔开，中间不留空格。左右一致时应仅填报一个备案参数
QE022	制动鼓型号	前后一致时可以仅填报一个备案参数，前后不一致时按照“前/后”填写。多个型号应以半角“,”隔开，中间不留空格。左右一致时应仅填报一个备案参数
QE023	制动蹄生产企业	前后一致时可以仅填报一个备案参数，前后不一致时按照“前/后”填写。多个生产企业应以半角“,”隔开，中间不留空格。左右一致时应仅填报一个备案参数
QE024	制动蹄型号	前后一致时可以仅填报一个备案参数，前后不一致时按照“前/后”填写。多个型号应以半角“,”隔开，中间不留空格。左右一致时应仅填报一个备案参数
QE025	制动衬片型号	前后一致时可以仅填报一个备案参数，前后不一致时按照“前/后”填写。多个型号应以半角“,”隔开，中间不留空格。左右一致时应仅填报一个备案参数
QE026	制动衬片材料	填报衬片材料中的主要组分；材料中不能含有石棉
QE027	ABS 系统控制方式	填写通道数量和布置型式等，如“2 通道前后轮交叉控制”
QE028	ABS 系统控制器型号	指 ABS 系统 ECU 型号
QE029	ABS 系统控制器生产企业	指 ABS 系统 ECU 生产企业
QE0291	液压制动软管型号	前后一致时可以仅填报一个备案参数，前后不一致时按照“前轮软管型号/后轮软管型号”填写
QE0292	液压制动软管认证号	同上
QE0293	液压制动软管生产企业	同上

续表

项目序号	项目名称	项目填报要求
QE0294	气压制动软管型号	同上
QE0295	气压制动软管认证号	同上
QE0296	气压制动软管生产企业	同上
QE0297	真空助力制动软管型号	/
QE0298	真空助力制动软管认证号	/
QE0299	真空助力制动软管生产企业	/
QE030	发动机机舱隔声材料	电动汽车还要填写“驱动电机隔声材料……”
QE0301	发动机机罩盖锁位置	/
QE0302	发动机机罩盖锁型号	/
QE0303	发动机机罩盖锁生产企业	/
QE031	排气消声器数量	用阿拉伯数字填写同一车辆装车排气消声器总数
QE032	排气消声器型号	存在前后消声器时，按照“前消声器型号/后消声器型号”填写。存在多种配置时，应以半角“,”隔开，中间不留空格
QE033	排气消声器生产企业	存在前后消声器时，按照“前消声器生产企业/后消声器生产企业”填写。存在多种配置时，应以半角“,”隔开，中间不留空格
QE034	排气管排气出口数量	用阿拉伯数字填写同一车辆的排气出口总数

续表

项目序号	项目名称	项目填报要求
QE035	排气管排气出口位置及朝向	/
QF001	前照灯生产企业	左右一致时仅填写一个备案参数。左右不一致时按照“左/右”填写。多个参数应以半角“,”隔开，中间不留空格。M、N类车辆必装，O类车辆禁装
QF002	前照灯型号	
QF0021	前照灯调光装置型式	填写“手动调光”“自动调光”等
QF0022	前照灯清洗器型号	/
QF0023	前照灯清洗器生产企业	/
QF003	前雾灯生产企业	同上。O类车辆禁装，M、N类车辆选装
QF004	前雾灯型号	
QF005	后雾灯生产企业	同上。M、N、O类车辆必装
QF006	后雾灯型号	
QF007	前位灯生产企业	同上。M、N、O类车辆必装
QF008	前位灯型号	
QF009	后位灯生产企业	同上。M、N、O类车辆必装
QF010	后位灯型号	
QF011	前示廓灯生产企业	同上。车宽大于2.1m的车辆必装，车宽介于1.80~2.10m车辆选装
QF012	前示廓灯型号	
QF013	后示廓灯生产企业	同上。车高大于3m和车宽大于2.1m的车辆必装（二类底盘选装），车宽介于1.80~2.10m的车辆选装
QF014	后示廓灯型号	

续表

<table>
<tr><th>项目序号</th><th>项目名称</th><th>项目填报要求</th></tr>
<tr><td>QF015</td><td>制动灯生产企业</td><td rowspan="2">同上。M、N、O 类车辆必装</td></tr>
<tr><td>QF016</td><td>制动灯型号</td></tr>
<tr><td>QF017</td><td>高位制动灯生产企业</td><td rowspan="2">同上。选装</td></tr>
<tr><td>QF018</td><td>高位制动灯型号</td></tr>
<tr><td>QF023</td><td>倒车灯生产企业</td><td rowspan="2">同上。O 类车辆选装，M、N 类车辆必装</td></tr>
<tr><td>QF024</td><td>倒车灯型号</td></tr>
<tr><td>QF025</td><td>前转向信号灯生产企业</td><td rowspan="2">同上。O 类车辆禁装，M、N 类车辆必装</td></tr>
<tr><td>QF026</td><td>前转向信号灯型号</td></tr>
<tr><td>QF027</td><td>后转向信号灯生产企业</td><td rowspan="2">同上。M、N、O 类车辆必装</td></tr>
<tr><td>QF028</td><td>后转向信号灯型号</td></tr>
<tr><td>QF029</td><td>侧转向信号灯生产企业</td><td rowspan="2">同上。O 类车辆禁装，M、N 类车辆选装</td></tr>
<tr><td>QF030</td><td>侧转向信号灯型号</td></tr>
<tr><td>QF031</td><td>前回复反射器生产企业</td><td rowspan="2">同上。O 类车辆必装，M、N 类车辆选装</td></tr>
<tr><td>QF032</td><td>前回复反射器型号</td></tr>
<tr><td>QF033</td><td>侧回复反射器生产企业</td><td rowspan="2">同上。车长大于 6.0m 的车辆必装，其他车辆选装</td></tr>
<tr><td>QF034</td><td>侧回复反射器型号</td></tr>
</table>

续表

项目序号	项目名称	项目填报要求
QF035	后回复反射器生产企业	同上。M、N类车辆必装，O类选装
QF036	后回复反射器型号	
QF037	三角形回复反射器生产企业	同上。O类车辆必装，M、N类车辆禁装
QF038	三角形回复反射器型号	
QF039	侧标志灯生产企业	同上。车长大于6.0m的车辆必装，其他车辆选装
QF040	侧标志灯型号	
QF041	驻车灯生产企业	同上。车长不大于6m和车宽不大于2m的车辆选装，其他车辆禁装
QF042	驻车灯型号	
QF043	后牌照灯生产企业	/
QF044	后牌照灯型号	/
QF045	昼间行驶灯生产企业	/
QF046	昼间行驶灯型号	/
QG001	前保护装置（保险杠）材料	按照“骨架材料/本体材料”填写。存在多种配置时，以半角“,”隔开，中间不留空格
QG0011	后保护装置（保险杠）材料	同上
QG0012	前保护装置（保险杠）规格型号	存在多种配置时，以半角“,”隔开，中间不留空格
QG0013	前保护装置（保险杠）生产企业	同上

续表

项目序号	项目名称	项目填报要求
QG0014	后保护装置（保险杠）规格型号	同上
QG0015	后保护装置（保险杠）生产企业	同上
QG002	驾驶员安全带生产企业	存在多种配置时，以半角“,”隔开，中间不留空格
QG003	驾驶员安全带型号	同上
QG004	驾驶员安全带型式	填写“三点式”或“二点式”
QG005	驾驶员座椅上安全带固定点数量	/
QG006	驾驶员安全带下固定点 L1 位置	填写“在座椅上”或“车身上”
QG007	驾驶员安全带下固定点 L2 位置	同上
QG008	驾驶员安全带认证号	已经完成安全带认证的，应填报此栏。如车辆备案时尚未完成安全带认证，可暂不填报此栏，待完成认证后补报
QG009	前排右侧乘员安全带生产企业	存在多种配置时，以半角“,”隔开，中间不留空格
QG010	前排右侧乘员安全带型号	同上
QG011	前排右侧乘员安全带型式	填写“三点式”或“二点式”
QG012	前排右侧乘员座椅上安全带固定点数量	/

续表

项目序号	项目名称	项目填报要求
QG013	前排右侧乘员安全带下固定点L1位置	填写“在座椅上”或“车身上”
QG014	前排右侧乘员安全带下固定点L2位置	同上
QG015	前排右侧乘员安全带认证号	已经完成安全带认证的，应填报此栏。如车辆备案时尚未完成安全带认证，可暂不填报此栏，待完成认证后补报
QG016	后排乘员安全带生产企业（M1）	存在多种配置时，以半角“,”隔开，中间不留空格
QG017	后排乘员安全带型号（M1）	同上
QG018	后排乘员安全带型式（M1）	填写“三点式”或“二点式”
QG019	后排乘员座椅上安全带固定点数量（M1）	/
QG020	后排乘员安全带下固定点L1位置（M1）	填写“在座椅上”或“车身上”
QG021	后排乘员安全带下固定点L2位置（M1）	同上
QG022	后排乘员安全带认证号（M1）	已经完成安全带认证的，应填报此栏。如车辆备案时尚未完成安全带认证，可暂不填报此栏，待完成认证后补报
QG023	其他乘员安全带生产企业（M2、M3）	存在多种配置时，以半角“,”隔开，中间不留空格
QG024	其他乘员安全带型号（M2、M3）	同上

续表

项目序号	项目名称	项目填报要求
QG025	其他乘员安全带型式（M2、M3）	填写“三点式”或“二点式”
QG026	其他乘员座椅上安装的安全带固定点的数量（M2、M3）	/
QG027	其他乘员安全带下固定点 L1 位置（M2、M3）	填写“在座椅上”或“车身上”
QG028	其他乘员安全带下固定点 L2 位置（M2、M3）	同上
QG029	其他乘员安全带认证号（M2、M3）	已经完成安全带认证的，应填报此栏。如车辆备案时尚未完成安全带认证，可暂不填报此栏，待完成认证后补报
QG030	驾驶员正面气囊生产企业（M1）	存在多种配置时，以半角“,”隔开，中间不留空格
QG031	驾驶员正面气囊型号（M1）	同上
QG032	驾驶员侧面气囊生产企业（M1）	同上
QG033	驾驶员侧面气囊型号（M1）	同上
QG034	前排右侧乘员正面气囊生产企业（M1）	同上
QG035	前排右侧乘员正面气囊型号（M1）	同上

续表

项目序号	项目名称	项目填报要求
QG036	前排右侧乘员侧面气囊生产企业（M1）	同上
QG037	前排右侧乘员侧面气囊型号（M1）	同上
QG038	后排乘员侧面气囊生产企业（M1）	同上
QG039	后排乘员侧面气囊型号（M1）	同上
QG040	驾驶员座椅型式	填写“折叠座椅”、“铰接式可翻转座椅”等
QG041	驾驶员座椅型号	存在多种配置时，以半角“,”隔开，中间不留空格
QG042	驾驶员座椅生产企业	同上
QG043	驾驶员座椅调节行程（mm）	按照“前后调节行程/上下调节行程”填写
QG044	驾驶员座椅固定方式	填写“螺栓连接（或焊接）”在“侧围骨架上（或地板上、地板骨架上）”等
QG045	驾驶员座椅头枕型号（M1）	存在多种配置时，以半角“,”隔开，中间不留空格
QG046	驾驶员座椅头枕生产企业（M1）	同上
QG047	前排右侧乘员座椅型式	填写“折叠座椅”、“铰接式可翻转座椅”等
QG048	前排右侧乘员座椅型号	存在多种配置时，以半角“,”隔开，中间不留空格
QG049	前排右侧乘员座椅生产企业	同上

续表

项目序号	项目名称	项目填报要求
QG050	前排右侧座椅调节行程（mm）	按照“前后调节行程/上下调节行程”填写
QG051	前排右侧乘员座椅固定方式	填写“螺栓连接（或焊接）”在“侧围骨架上（或地板上、地板骨架上）”等
QG052	前排右侧乘员座椅头枕型号（M1）	存在多种配置时，以半角“,”隔开，中间不留空格
QG053	前排右侧乘员座椅头枕生产企业（M1）	同上
QG054	后排乘员座椅型式（M1）	填写“折叠座椅”“铰接式可翻转座椅”“分体座椅”“长条座椅”等
QG055	后排乘员座椅型号（M1）	存在多种配置时，以半角“,”隔开，中间不留空格
QG056	后排乘员座椅生产企业（M1）	同上
QG057	后排座椅调节行程（mm）（M1）	按照“前后调节行程/上下调节行程”填写
QG058	后排乘员座椅固定方式（M1）	填写“螺栓连接（或焊接）”在“侧围骨架上（或地板上、地板骨架上）”等
QG059	其他乘员座椅型号（M2、M3）	长途客车和旅游客车填报此栏，城市客车不须填报此栏。多种座椅的，用半角“/”分开。存在多种配置时，以半角“,”隔开，中间不留空格
QG060	其他乘员座椅生产企业（M2、M3）	
QG061	其他乘员座椅固定方式（M2、M3）	同上。填写“螺栓连接（或焊接）”在“侧围骨架上（或地板上、地板骨架上）”等
QG062	左侧外后视镜型号及类别	类别填报Ⅱ类或者Ⅲ类，存在多种配置时，以半角“,”隔开，中间不留空格

续表

项目序号	项目名称	项目填报要求
QG063	左侧外后视镜生产企业	同上
QG064	右侧外后视镜型号及类别	同上
QG065	右侧外后视镜生产企业	同上
QG0651	广角外后视镜（Ⅳ类）型号	同上
QG0652	广角外后视镜（Ⅳ类）生产企业	同上
QG0653	补盲外后视镜（Ⅴ类）型号	同上
QG0654	补盲外后视镜（Ⅴ类）生产企业	同上
QG066	内后视镜（Ⅰ类）型号	同上
QG067	内后视镜（Ⅰ类）生产企业	同上
QG068	除霜系统工作原理	描述除霜热源
QG069	除雾系统工作原理	描述除雾热源
QG070	暖风电机生产企业	存在多种配置时，以半角“,”隔开，中间不留空格
QG071	暖风电机型号	同上
QG072	暖风电机功率（kW）	同上
QG073	刮水器总成生产企业	填写总成或刮臂生产企业均可

续表

项目序号	项目名称	项目填报要求
QG074	刮水器总成型号	同上
QG075	刮水器电机生产企业	存在多种配置时，以半角“,”隔开，中间不留空格
QG076	刮水器电机型号	同上
QG077	洗涤器喷嘴数量	用阿拉伯数字填写
QG078	洗涤器储液罐生产企业	存在多种配置时，以半角“,”隔开，中间不留空格
QG079	洗涤器储液罐型号	同上
QG080	车速表型号	填写车速表型号或组合仪表型号均可。存在多种配置时，以半角“,”隔开，中间不留空格
QG081	车速表生产企业	存在多种配置时，以半角“,”隔开，中间不留空格
QG082	电喇叭生产企业	同上
QG083	电喇叭型号	同上
QG084	电喇叭装车数量	用阿拉伯数字填写
QG085	电喇叭安装位置离地高（mm）	/
QG086	电喇叭安装位置距车辆最前方的距离（mm）	/
QG0861	气喇叭生产企业	存在多种配置时，以半角“,”隔开，中间不留空格

续表

项目序号	项目名称	项目填报要求
QG0862	气喇叭型号	同上
QG0863	气喇叭装车数量	用阿拉伯数字填写
QG0864	气喇叭安装位置离地高（mm）	/
QG0865	气喇叭安装位置距车辆最前方的距离（mm）	/
QG087	门锁生产企业（M1、N1）	按照“左前/右前/左后/右后”次序填写。存在多种配置时，以半角“,”隔开，中间不留空格
QG088	门锁型号（M1、N1）	同上
QG089	门铰链或车门保持件型号（M1）	同上
QG090	门铰链或车门保持件生产企业（M1）	同上
QG091	座椅面料结构	填写“层积复合材料”或“单一材料”等
QG092	座椅面料材料	/
QG093	座椅面料厚度（mm）	/
QG094	座椅面料生产企业	存在多种配置时，以半角“,”隔开，中间不留空格
QG095	门内护板结构	填写“层积复合材料”或“单一材料”等
QG096	门内护板材料	/
QG097	门内护板厚度（mm）	/
QG098	门内护板生产企业	存在多种配置时，以半角“,”隔开，中间不留空格

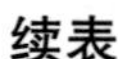

续表

项目序号	项目名称	项目填报要求
QG099	顶棚衬里结构	填写“层积复合材料”或“单一材料”等
QG100	顶棚衬里材料	/
QG101	顶棚衬里厚度（mm）	/
QG102	顶棚衬里生产企业	存在多种配置时，以半角“,”隔开，中间不留空格
QG103	地板覆盖层结构	填写“层积复合材料”或“单一材料”等
QG104	地板覆盖层材料	/
QG105	地板覆盖层厚度（mm）	/
QG106	地板覆盖层生产企业	存在多种配置时，以半角“,”隔开，中间不留空格
QG1061	仪表板结构	填写“层积复合材料”或“单一材料”等
QG1062	仪表板材料	/
QG1063	仪表板厚度（mm）	/
QG1064	仪表板生产企业	存在多种配置时，以半角“,”隔开，中间不留空格
QG1065	行李箱衬里结构	填写“层积复合材料”或“单一材料”等
QG1066	行李箱衬里材料	指室内材料
QG1067	行李箱衬里厚度（mm）	/
QG1068	行李箱衬里生产企业	存在多种配置时，以半角“,”隔开，中间不留空格
QG1069	其他内饰材料的结构	填报满足式样条件的其他内饰材料情况

续表

项目序号	项目名称	项目填报要求
QG1060	其他内饰材料的材料	填报满足式样条件的其他内饰材料情况。指室内材料
QG106A	其他内饰材料的厚度（mm）	填报满足式样条件的其他内饰材料情况
QG106B	其他内饰材料的生产企业	填报满足式样条件的其他内饰材料情况
QG107	前风窗玻璃认证号	1. 存在多块玻璃的，用半角“/”分开。存在多种配置时，以半角“,”隔开，中间不留空格。 2. 已经完成玻璃认证的，应填报此栏。如车辆备案时尚未完成玻璃认证，可暂不填报此栏，待完成认证后补报
QG108	前风窗玻璃型号	存在多块玻璃的，用半角“/”分开。存在多种配置时，以半角“,”隔开，中间不留空格
QG109	前风窗玻璃生产企业	同上
QG110	后风窗玻璃认证号	1. 存在多块玻璃的，用半角“/”分开。存在多种配置时，以半角“,”隔开，中间不留空格。 2. 已经完成玻璃认证的，应填报此栏。如车辆备案时尚未完成玻璃认证，可暂不填报此栏，待完成认证后补报
QG111	后风窗玻璃型号	存在多块玻璃的，用半角“/”分开。存在多种配置时，以半角“,”隔开，中间不留空格
QG112	后风窗玻璃生产企业	同上
QG113	侧风窗玻璃认证号	1. 存在多块玻璃的，用半角“/”分开。存在多种配置时，以半角“,”隔开，中间不留空格。 2. 已经完成玻璃认证的，应填报此栏。如车辆备案时尚未完成玻璃认证，可暂不填报此栏，待完成认证后补报
QG114	侧风窗玻璃型号	存在多块玻璃的，用半角“/”分开。存在多种配置时，以半角“,”隔开，中间不留空格
QG115	侧风窗玻璃生产企业	同上
QG116	空调系统制冷剂规格型号	存在多种配置时，以半角“,”隔开，中间不留空格

续表

项目序号	项目名称	项目填报要求
QG117	三角警告牌生产企业	同上
QG118	三角警告牌型号	同上
QG119	闪光继电器生产企业	同上
QG120	闪光继电器型号	同上
QG121	天线生产企业	同上
QG122	天线型号	同上
QG123	天线位置	/
QG124	防盗装置的型式	填写作用在转向机构、传动系和换挡机构的防盗装置；对作用在转向机构上的防盗装置，填写普通防盗装置、带限扭矩的防盗装置和在转向轴锁止状态下允许转向盘自由转动的防盗装置等
QG125	防盗装置的生产企业	/
QH001	新能源车辆类型	1. 混合动力汽车：填写“串联式/并联式/混联式混合动力××车/底盘”“采用仅具有怠速起停功能的加强起动机方案的混合动力××车/底盘”“采用ISG电机”、“采用BSG电机”等，可填报多个选项； 2. 纯电动汽车：填写“纯电动××车/底盘”； 3. 燃料电池汽车：填写“燃料电池××车/底盘”； 4. 二甲醚汽车：填写“二甲醚××车/底盘”
QH002	电动汽车储能装置种类	1. 储能装置种类的描述应具体，如“免维护铅酸蓄电池、阀控密封式铅酸蓄电池、磷酸铁锂蓄电池、锰酸锂蓄电池、金属氢化物镍蓄电池、无机电解质碳电极对称型超级电容器、全氟磺酸质子交换膜氢氧燃料电池”等； 2. 采用燃料电池、动力蓄电池、超级电容器等不同组合的电-电混合方案的电动汽车，按“燃料电池参数/动力蓄电池参数/超级电容器参数”的格式和顺序填写，只填写实际具备的储能装置的参数，如“磷酸铁锂蓄电池/无机电解质碳电极对称型超级电容器”；其他参数的填写方式和顺序同此栏

项目序号	项目名称	项目填报要求
QH003	储能装置单体型号	1. 填写储能装置单体型号；铅酸电池按最小模块参数重复填报。 2. 存在多种配置时，以半角“,”隔开，中间不留空格
QH0031	电动汽车储能装置类型	填写“能量型”或“功率型”
QH0032	储能装置单体外形	填写“方形”或“圆柱形”；由圆形单体组成的方形模块仍填写单体外形
QH0033	储能装置单体外形尺寸（mm）	1. 外形尺寸不包括外露的端子；数值修约到整数位； 2. 单体外形为方形的，填写“长×宽×高”；单体外形为圆柱形的，填写“直径×高”
QH0034	储能装置单体的标称电压（V）	按储能装置生产企业标称值填写
QH0035	动力蓄电池单体 3 小时率额定容量 C_3（Ah）	1. 仅限于动力蓄电池（包括仅具有怠速起停功能的混合动力汽车的起动电池）； 2. 按动力蓄电池生产企业标称值填写
QH0036	超级电容器单体标称静电容量（F）	填写超级电容器生产企业的标称值
QH0037	储能装置单体质量（kg）	1. 不包括外部线缆及结构上分开的电池管理系统；电池管理系统如与储能装置单体不可拆分，则应填写整体质量； 2. 数值修约到小数点后第 2 位
QH0038	储能装置单体数量	填写车辆储能装置总成中包含的储能装置单体总数
QH004	储能装置单体生产企业	1. 填写燃料电池单体、动力蓄电池单体，或超级电容器单体生产企业，而不是储能装置集成企业。 2. 存在多种配置时，以半角“,”隔开，中间不留空格
QH0041	储能装置总成生产企业	填写储能装置集成企业
QH0042	储能装置最小模块型号	1. 指多个单体构成的、共用一个壳体的最小模块，如铅酸蓄电池或多个锂离子单体电池共用一个壳体的情况； 2. 铅酸蓄电池最小模块的参数按单体的参数重复填报。 3. 如没有最小模块，而是由蓄电池单体直接组成电池组总成，填报“不适用”或“N/A”

续表

项目序号	项目名称	项目填报要求
QH0043	储能装置最小模块的标称电压（V）	按储能装置生产企业标称值填写
QH0044	动力蓄电池最小模块3小时率额定容量 C_3（Ah）	1．仅限于动力蓄电池（包括仅具有怠速起停功能的混合动力汽车的起动电池）； 2．按动力蓄电池生产企业标称值填写
QH0045	超级电容器最小模块标称静电容量（F）	填写超级电容器生产企业的标称值
QH0046	储能装置组合方式	应描述出储能装置总成包括的箱体数量，每箱含储能装置单体的数量，以及储能装置单体的串、并联组合方式。如："8箱（4×18+4×12）电池，4箱（4×18）电容器；电池共3并40串，电容共72串"
QH0047	成箱后的储能装置型号	填写集成为一箱后的储能装置型号。如同一车辆上，装配的成箱后的储能装置型号不同，中间用"/"隔开
QH005	混合动力电动汽车是否允许外接充电	1．填写"是"或"否"； 2．"可外接充电"定义按GB/T 19753—2005："仅当制造厂在其提供的使用说明书中或者以其他明确的方式推荐或要求定期进行车外充电时，混合动力汽车方可认为是'可外接充电'的。仅用来不定期的储能装置电量调节而非用作常规的车外能量补充，即使有车外充电能力，也不认为是"可外接充电"的车型
QH0051	混合动力汽车混合度	填报"微混""轻度混合""中度混合""重度混合"，具体定义见相应标准
QH0052	混合动力汽车电功率比（%）	1．填报电动机的峰值功率和发动机的额定功率比； 2．仅具有怠速起停功能的混合动力汽车，按起动电机的参数计算
QH0053	混合动力汽车是否有强制纯电动模式	指具有纯电动模式的控制开关
QH0054	混合动力汽车是否有强制热机模式	指具有热机模式的控制开关

续表

项目序号	项目名称	项目填报要求
QH006	电动汽车驱动电机类型	1. 填写电机类型，如："交流异步电机""永磁同步电机""开关磁阻电机"等； 2. 仅具有怠速起停功能的混合动力汽车，应将起动电机的各项参数填入驱动电机相应的参数栏中；其他电动汽车只填写驱动电机即可
QH007	电动汽车驱动电机型号	1. 如配置有多种型号电机，中间以半角","隔开。 2. 对于纯电动汽车和燃料电池汽车，已在公告参数中填写，此处不要重复填写，填写"不适用"或"N/A"
QH008	电动汽车驱动电机生产企业	对于纯电动汽车和燃料电池汽车，已在公告参数中填写，此处不要重复填写，填写"不适用"或"N/A"
QH009	电动汽车驱动电机额定功率/转速/转矩（kW/r/min/N·m）	/
QH0091	电动汽车驱动电机峰值功率/转速/转矩（kW/r/min/N·m）	/
QH0092	驱动电机安装数量	/
QH0093	驱动电机布置型式/位置	布置型式填写"横置"或"纵置"；位置填写"前置""中置"或"后置""轮边""轮毂""BSG""加强起动机"等，中间以半角"/"隔开
QH0094	驱动电机冷却方式	填写"自然风冷""强制风冷""水冷"等
QH0095	驱动电机工作制	按 GB/T 18488.1 填写"S1"~"S9"，并注明意义，如"S5：包括电制动的断续周期工作制"
QH0096	驱动电机控制器型号	按"驱动电机控制器软件版本号/硬件型号"填写
QH0097	驱动电机控制器生产企业	按"驱动电机控制器软件开发企业/硬件生产企业"填写

续表

项目序号	项目名称	项目填报要求
QH0098	驱动电机控制方式	填写“矢量控制方式”“直接转矩控制方式”等，或用语言描述
QH0099	驱动电机控制器冷却方式	填写“自然风冷”“强制风冷”“水冷”等
QH010	电动汽车整车控制器型号	1．指电动汽车整车各系统的中央控制器，而不是驱动电机控制器；如整车控制器和电机控制器是一体的，需重复填报； 2．按“电动汽车整车控制器软件版本号/硬件型号”填写
QH011	电动汽车整车控制器生产企业	1．指电动汽车整车各系统的中央控制器，而不是驱动电机控制器； 2．按“电动汽车整车控制器软件开发企业/硬件生产企业”填写
QH012	储能装置总成标称电压（V）	储能装置总成指车辆上某种储能装置单体的全部组合，以下同。 应为储能装置单体标称电压的整数倍，数值修约到整数
QH013	储能装置总成额定输出电流（A）	指额定工况下，储能装置总成输出电流的设计值
QH014	动力蓄电池总成标称容量（Ah）	填写车辆动力蓄电池总成的标称容量
QH015	超级电容器总成标称静电容量（F）	填写车辆超级电容器总成的标称容量
QH016	燃料电池系统额定功率（kW）	指按 GB/T 24554 测量出的标称值
QH017	燃料电池系统峰值功率（kW）	指按 GB/T 24554 测量出的标称值
QH018	燃料电池系统最大净输出功率（kW）	指按 GB/T 24554 测量出的燃料电池系统达到峰值功率时的最大净输出功率

续表

项目序号	项目名称	项目填报要求
QH019	储能装置总储电量（kWh）	1. 填写在车辆生产企业允许的放电深度内，储能装置总成所能放出的总电量的标称值。 2. 燃料电池不填此项。 3. 同时装有动力蓄电池和超级电容器等多种储能装置的，中间用“/”隔开
QH020	储能装置总成质量（kg）	1. 包括所有的储能装置、箱体及箱内部件；不包括外部线缆、开关及结构上分开的电池管理系统； 2. 数值修约到整数
QH021	动力蓄电池箱是否具有快换装置	填写“是”或“否”
QH022	储能装置正极材料	1. 按“正极板活性物质/支撑用导体”填写，中间以“/”隔开，可填写中文名称或分子式；可只填写主要材料； 2. 如无活性物质（指参与氧化还原反应的物质）或无支撑用导体（指专门用于支撑，而不参与反应的导体），以半角“-”表示。如“过氧化铅（P_bO_2）/铅”“-/活性炭”等
QH023	储能装置负极材料	1. 按“负极板活性物质/支撑用导体”填写，中间以“/”隔开，可填写中文名称或分子式；可只填写主要材料； 2. 如无活性物质（指参与氧化还原反应的物质）或无支撑用导体（指专门用于支撑，而不参与反应的导体），以半角“-”表示。如“海绵状铅/铅”“-/活性炭”等
QH024	储能装置电解质成分	填写储能装置电解质主要成分的中文名称或化学分子式，如“稀硫酸（H_2SO_4）”“氢氧化钾（KOH）”等
QH025	储能装置电解质形态	填写“富液”“贫液”“胶体”或“固态”等
QH026	燃料电池电催化剂材料	按“阳极：×××，阴极：×××”填写，可只填写中文名称，如“阳极：铂—钌，阴极：铂”等
QH027	燃料电池工作温度范围（℃）	工作温度范围的上限值和下限值之间以半角“-”隔开

续表

项目序号	项目名称	项目填报要求
QH028	燃料电池堆额定压力（MPa）	指额定功率时，燃料电池堆进气口处的空气压力（绝对压力）
QH029	燃料电池汽车气瓶型号	仅针对燃料电池汽车
QH030	燃料电池汽车气瓶生产企业	仅针对燃料电池汽车
QH031	燃料电池汽车气瓶公称水容积（L）	填写燃料电池汽车气瓶单体的容积
QH032	燃料电池汽车气瓶公称工作压力（MPa）	填写燃料电池汽车气瓶的公称工作压力
QH033	燃料电池汽车气瓶布置位置及方向	填写燃料电池汽车气瓶的布置位置和方向，如“顶部横置”“后顶部横置”“后部横置”“后备厢横置”“双侧后下方纵置”等
QH034	燃料电池汽车气瓶数量	填写燃料电池汽车气瓶的数量
QH035	燃料电池汽车气瓶压力调节器型号	仅针对燃料电池汽车
QH036	燃料电池汽车气瓶压力调节器生产企业	仅针对燃料电池汽车
QH037	车载能源管理系统型号（包括软件和硬件）	按照“软件版本号/硬件型号”填写
QH038	车载能源管理系统生产企业	按照“软件开发企业/硬件生产企业”填写。软件开发企业和硬件生产企业相同时，可只填报一个
QH039	电动汽车发电机型号	1．指为驱动电机和车载能源提供电能的发电机，不包括仅具有怠速起停功能的混合动力汽车的发电机。以下同； 2．如发电机同时具有驱动功能，应在型号后的括号内注明“具有驱动功能”

续表

项目序号	项目名称	项目填报要求
QH040	电动汽车发电机生产企业	/
QH041	电动汽车发电机额定输出电压（V）	指调节器调节后的额定输出电压
QH042	电动汽车发电机额定输出功率/转速（kW/r/min）	/
QH043	电动汽车发电机控制器型号	按“发电机控制器软件版本号/硬件型号”填写
QH044	电动汽车发电机控制器生产企业	按“发电机控制器软件开发企业/硬件生产企业”填写
QH045	电动汽车充电插头/插座型号	/
QH046	电动汽车充电插头/插座生产企业	/
QH047	电动汽车车载充电机型号	/
QH048	电动汽车车载充电机生产企业	/
QH049	电动汽车充电方式	填写“恒流充电”“恒压充电”“恒压限流充电”“脉冲充电”“感应式充电”等，或以语言描述
QH050	车载充电机额定输入电压（V）、电流（A）和频率（Hz）	1. 指车载充电机的输入参数，电流填写允许的最大电流； 2. 电压、电流和频率之间以“/”隔开，如“220/200/50”； 3. 如允许输入电压范围较宽，应填报下限和上限，中间以半角“-”隔开，如“220-380/200/50”

续表

项目序号	项目名称	项目填报要求
QH051	车载充电机输出电压（V）、电流（A）和功率（kW）	1. 指车载充电机的输出参数，输出电压填报下限和上限，中间以半角“-”隔开，电流填写允许的最大电流；功率填写额定输出功率。 2. 电压、电流和功率之间以“/”隔开，如“560-600/200/15”
QH052	新能源汽车车载实时监控装置型号	1. 仅针对除二甲醚汽车以外的起步期和发展期新能源汽车； 2. 按“车载实时监控装置软件版本号/硬件型号”填写； 3. 二甲醚汽车、成熟期产品和常规汽车填写“不适用”或“N/A”
QH053	新能源汽车车载实时监控装置生产企业	按“车载实时监控装置软件开发企业/硬件生产企业”填写
QH054	电动汽车仪表型号	指电动汽车在常规汽车组合仪表功能之外附加的监视仪表型号。如有多个仪表，应分别填写，中间以“/”隔开
QH055	电动汽车仪表生产企业	如有多个仪表生产企业，应分别填写，中间以“/”隔开
QH056	电动汽车续驶里程（工况法）（km）	1. M1、N1 类纯电动汽车填写按 GB/T 18386 标准在底盘测功机上测得的数据； 2. 如果只采用市区循环，应在数据后加括号注明“仅采用市区循环”； 3. 不同配置引起的续驶里程变化，应分别填写，中间以半角“,”隔开
QH057	电动汽车续驶里程（等速法）（km）	1. M1、N1 类纯电动汽车，填写按 GB/T 18386 标准，以（60±2）km/h 等速路试测得的数据； 2. M1、N1 类以外的纯电动汽车，填写按 GB/T 18386 标准，以（40±2）km/h 等速路试测得的数据； 3. 混合动力汽车、燃料电池汽车、二甲醚汽车填写“不适用”或“N/A”； 4. 不同配置引起的续驶里程变化，应分别填写，中间以半角“,”隔开

续表

项目序号	项目名称	项目填报要求
QH058	电动汽车 30 分钟最高车速(km/h)	1. 纯电动汽车按 GB/T 18385 进行测量；储能装置全部采用超级电容器的纯电动汽车，如果无法按标准试验，填写“不适用”或“N/A”； 2. 混合动力汽车填写混合动力模式下的 30 分钟最高车速，按 GB/T 19752 进行测量； 3. 二甲醚汽车填写“不适用”或“N/A”； 4. 不同配置引起的 30 分钟最高车速变化，应分别填写，中间以半角“,”隔开
QH059	混合动力汽车纯电动模式下 1km 最高车速(km/h)	适用于具有纯电动模式的混合动力汽车，其他新能源汽车填写“不适用”或“N/A”
QI001	正前照片	1. 照片背景应均匀且不能对车辆结构造成误解。不允许加工、去掉背景，照片内车辆应清晰、完整，位于照片中部，并尽可能充满图像，至少占 1/2 以上面积。 2. 应装反光标识的车辆照片上应有反光标识。 3. 图像尺寸：宽度：300～500 像素；高度：200～400 像素。质量要求：分辨率：150～300dpi；JPG 图像质量等级：中等 5 级或中等 4 级。 4. 最终图像文件大小要求：15～35Kb。 5. 三类底盘照片含方向盘，二类底盘含备胎。 6. 仅对于整体封闭式厢式车辆要求备案俯视照片，照片应能反映整车俯视情况。 7. 有选装件且对产品外形有显著影响时，应提供选装件清单和整车照片。整车照片应为选装件在车上的照片，不能只是零部件照片。但选装去掉的部件（如：客车封闭中门，去掉空调）可不要照片。选装件整车照片不能超过 3 张。 8. 在灯具的外面不能加装保护罩。 9. 消防车、救护车、工程救险车应当按照规定喷涂标志图案，安装警报器、标志灯具。其他机动车不得喷涂、安装、使用上述车辆专用的或者与其相类似的标志图案、警报器或者标志灯具
QI002	正后部照片	
QI003	右前 45 度照片	

续表

<table>
<tr><th>项目序号</th><th>项目名称</th><th>项目填报要求</th></tr>
<tr><td>QI004</td><td>左前 45 度照片</td><td></td></tr>
<tr><td>QI005</td><td>俯视照片</td><td></td></tr>
<tr><td>QI006</td><td>防护照片</td><td>1. 照片按照 3 +1 的方式组合（左侧面、右侧面、后面 + 后部支撑），组合照片布置如图 2 – 19 所示。
<table><tr><td>左侧防护装置</td><td rowspan="3">后部支撑</td></tr><tr><td>右侧防护装置</td></tr><tr><td>后下部防护装置（正后方向拍摄）</td></tr></table>
图 2 – 19　组合照片
2. 像素要求：宽不少于 600dpi；高不少于 450dpi；数据不超过 50kb；
3. 照片的范围：侧面照片——左右截至防护装置所处前后轮胎中间，上下截至车厢/车架与地面；后下部照片——左右涵盖防护装置全长，上下截至车厢/车架与地面；
4. N2、N3、03、04 类车辆填报。由于客观原因而无法安装的，也应填报相应部位照片</td></tr>
<tr><td>QI007</td><td>车辆主要尺寸和外部灯具的安装位置尺寸简图</td><td>1. 车辆主要尺寸简图应为车辆的总装配简图，要求能够清晰地反映车辆总装配时的实际视表面轮廓，简图底色必须为白色。
2. 在车辆主要尺寸和外部灯具的安装位置尺寸简图中，应包括正前部、正后部、正左侧面和正右侧面简图各一张，要求注明的参数包括：长、宽、高（三类底盘除外）、轴距、轮距、接近角、离去角、前悬、后悬、货厢栏板内部尺寸、罐式车辆的罐体尺寸等，单位 mm。
3. 对于牵引车应标注鞍座前置距，对于集装箱半挂牵引车还应标注鞍座承载面空载离地高，单位 mm。
4. 对于半挂车应标注牵引销到车辆最前端距离，对于集装箱运输半挂车还应标注牵引销处的车架总高度，单位 mm。
5. 对于外部灯具的安装位置尺寸，应按照单个外部灯进行标注或列表，内容包括：视表面最大离地高度（H1）、视表面最小离地高度（H2）、视表面外缘到车辆外缘端面最小距离（E）、相邻两视表面外缘间的距离（D）等，单位 mm。如果外部灯具的安装为左右对称布置，则可以仅标注一侧的灯具安装位置尺寸。</td></tr>
</table>

续表

项目序号	项目名称	项目填报要求
QI007	车辆主要尺寸和外部灯具的安装位置尺寸简图	6. 对于采用二类底盘或整车的改装车，只须标注增加和改动的外部灯具情况。 7. 当外部灯具存在选装且选装灯具的安装位置有变化时，应单独提供选装灯具安装位置简图。 8. 支持 jpg、zip、pdf 格式文件，不大于 2M
QI008	各种操纵件、指示器及信号装置的图形标志的简图	1. 简图底色必须为白色。 2. GB 4094 标准要求的各种操纵件、指示器及信号装置的图形标志均应绘制简图（不适用的标注“不适用”），并说明各种指示器及信号装置工作时的颜色； 3. 电动汽车在常规汽车基础上附加的操纵件、指示器及信号装置（包括超出 GB/T 4094.2 要求的项目）也应包含在简图中； 4. 用文字或表格描述电动汽车仪表、指示器及信号装置可监视的数据和可实现的报警功能（如“母线电压、单体电池电压、母线电流、SOC、电池箱温度、电机故障码、电机温度过高报警、电池电量过低报警”），并描述报警方式（如声音报警、灯光闪烁报警等）。 5. 支持 jpg、zip、pdf 格式文件，不大于 2M
QI009	制动系统布置简图	1. 制动系统简图中应标明汽车前进方向，或注明前后制动器。 2. 应在简图中标明的主要部件包括：制动踏板、制动助力器（如有）、制动主缸、制动分泵（如有）、制动管、各制动器、各阀体、液体或气体介质储存装置等。当装有 ABS 系统时还应该包括：轮速传感器、ABS 控制器（ABS 的 ECU）等。 3. 支持 jpg、zip、pdf 格式文件，不大于 2M
QI010	左、右侧及后下部防护装置安装简图	1. 防护简图应为装配防护装置的车辆总装配简图或局部总装配简图，简图底色必须为白色。 2. 应包括后防护、左侧面防护和右侧面防护各一张。当左、右侧防护一致时，可仅提供一侧防护简图，并用文字说明左右一致。 3. 在后防护装置安装简图中需要标注的内容包括：后防护装置下边缘离地高、后防护装置总宽度（或与车辆外援

续表

项目序号	项目名称	项目填报要求
QI010	左、右侧及后下部防护装置安装简图	距离）、后防护装置截面高、与车辆最后端距离、后防护装置材料及与车辆的连接方式等。 4．在左、右侧防护装置安装简图中需要标注的内容包括：侧防护装置下边缘离地高、侧防护装置总宽度（或与车辆轮胎外缘/驾驶室后缘的距离）、侧防护装置到货厢下缘距离、横杆间距、纵杆间距、侧防护装置截面高、侧防护装置材料及与车辆的连接方式等。 5．支持 jpg、zip、pdf 格式文件，不大于 2M
QI011	M 类车辆座椅布置简图	1．应包括俯视简图和正右侧面简图各一张，要求能反映在最大允许载客状态下的座椅布置情况。其中 M2 和 M3 类车辆应注明在最大允许载客状态下的座椅纵向间距、座椅横向间距、坐垫宽度、通道宽度、座椅上方静高度、乘客门净高度、乘客门净宽度等。 2．当车门有选装且影响到座椅布置时，应单独提供各种选装车门状态下的座椅布置简图，要求同上。 3．简图底色必须为白色。 4．支持 jpg、zip、pdf 格式文件，不大于 2M
QI012	车载诊断系统（OBD）的监测项目及其控制策略	按照 GB 18352.3—2005 附录 I 、GB 14762—2008 附录 G、GB 17691—2005 修改单的要求提供。(PDF 文件) 支持 jpg、zip、pdf 格式文件，不大于 2M
QI013	故障指示器（MI）激活原则	支持 jpg、zip、pdf 格式文件，不大于 2M
QI014	前后保护装置结构和布置简图	1．M1 类车辆填报。 2．简图应体现保护装置的外部形状、内部结构和在整车上装配情况，并标注主要构件的材料。 3．支持 jpg、zip、pdf 格式文件，不大于 2M
QI015	燃烧室和活塞顶示意图	示意图应体现结构及形状。 支持 jpg、zip、pdf 格式文件，不大于 2M
QI016	门锁结构和布置简图	1．M1、N1 类车辆填报。 2．简图应体现门锁系统和门铰链的外部形状、内部结构和在整车上装配情况，并标注主要尺寸。 3．支持 jpg、zip、pdf 格式文件，不大于 2M

续表

项目序号	项目名称	项目填报要求
QI017	发动机罩盖锁结构和布置简图	1. 发动机（或其他混合动力汽车、燃料电池汽车的动力源）位于前风窗玻璃前方的 M、N 类车辆填报。对于后置发动机的，如前风窗玻璃前方设有行李仓，也应填报。 2. 简图应体现发动机罩的外部形状、盖锁内部结构。 3. 简图能够体现全锁止、半锁止和全开三种情况在整车上的装配情况。 4. 支持 jpg、zip、pdf 格式文件，不大于 2M
QI018	电动汽车总布置及结构原理图	1. 应为车辆的总装配简图，应能看出车载能源、动力单元、传动系及控制系统等的位置（具体包括发动机、离合器、主发电机、辅助发电机、动力电池、辅助电池、燃料电池、氢气瓶、控制阀、超级电容器、电源管理系统、温度测量点、危险气体测量点、CAN 总线、电机控制器、整车控制器、车载充电机、充电插头/插座、驱动电机、变速器、主减速器等），不需标注明确尺寸；并应注明车载能源（包括燃料电池的氢气瓶）到车辆前、后、左、右、顶部及底部的距离； 2. 应注明能量流动方向和不同线路的标称电压、直流/交流（可用不同颜色、不同线型表示）； 3. 可用多张图分别说明； 4. 简图底色必须为白色； 5. 在新能源汽车整车或二类底盘基础上进行改装，但改装未影响到车载能源系统、驱动系统和控制系统时（包括安装位置），填写不适用或 N/A；如对上述系统进行了更改，需完整填报； 6. 在新能源汽车三类底盘基础上进行改装，但改装未影响到车载能源系统、驱动系统和控制系统时（包括安装位置），填报本栏中第 1 项的内容；如对上述系统进行了更改，需完整填报。 7. 支持 jpg、zip、pdf 格式文件，不大于 2M
QI019	电动汽车主要控制策略	电动汽车主要控制策略的要求至少包括： 1. 电动汽车可实现的、与常规汽车不同的功能：怠速启停、起步助力、加速助力、再生制动、外接充电、纯电动、强制热机模式、行驶模式人工强制切换开关等； 2. 能量流动：起步、加速、恒速、制动、停车时，发动机、发电机、动力电池/电容器、电动机等何时参与工作；发动机皮带驱动的附件有哪些；发电机或动力电池/电容器

续表

项目序号	项目名称	项目填报要求
QI019	电动汽车主要控制策略	驱动的用电设备有哪些；辅助电池驱动的用电设备有哪些；辅助电池的充电来源；用电设备（电动空调、电动空压机、电动真空泵、电动转向助力泵、可对外输出的插座等）是否任何时间均可工作等； 3. 与常规汽车的主要不同之处：发动机的工况是否与常规汽车不同；是否对排放污染物采取了不同的控制策略；有哪些节能措施等。 4. 应采用 PDF 文件格式上传。不大于 2M

注（1）：对于不适用的备案项目，应填报“不适用”或“N/A”；备案项目的填写不能为空，若个别项目因产品结构特殊而无法填写，需在第 QB039 栏中说明理由。

注（2）：对电动汽车参数填报的说明：

①如无特殊说明，电动汽车储能装置包括燃料电池（不包括氢气瓶）、动力蓄电池、超级电容器等；

②储能装置采用燃料电池、动力蓄电池、超级电容器等不同组合的电－电混合方案的电动汽车，按“燃料电池参数/动力蓄电池参数/超级电容器参数”的顺序和格式填写，只填写实际具备的储能装置的参数，如“磷酸铁锂蓄电池/无机电解质碳电极对称型超级电容器”；

③仅具有怠速起停功能的混合动力汽车，应将起动电机的各项参数填入驱动电机相应的参数栏中，将起动电池的各项参数填入储能装置相应的参数栏中。

注（3）：新能源汽车应按《新能源汽车生产企业及产品准入管理规则》的要求，将除企业基本情况说明、公告参数、备案参数、检测方案、检测报告以外的资料在佐证材料中提交，具体包括：

①所有新能源汽车（不包括在新能源汽车整车或底盘基础上进行改装，但改装未影响到车载能源系统、驱动系统和控制系统的情况）均应提交的常规资料：

（a）产品情况简介（包括新技术、新结构原理说明）；

注意：申报产品的技术方案或技术来源与已公告产品相比，发生较大变化时，应在本项中加入新申报产品与已准入产品区别的说明。

（b）产品（包括整车及动力、驱动、控制系统）企业标准或技术规范；

（c）产品（包括整车及动力、驱动、控制系统）检验规范（至少包括试验方法、判定准则、检验项目与样车对应表、路况及里程分配等）。

②起步期或发展期产品应额外提交的资料：

（a）售后服务承诺；

（b）拟销售区域的说明、产品使用地省级工信主管部门有关示范运行区域的批准文件（处于过渡期的成熟期产品也适用，但申报底盘产品不需要提供本项资料）；

（c）与拟使用单位签订的协议、使用单位车辆运行管理规定、使用数量说明（仅适用于起步期产品，申报底盘产品不需要提供本项资料）。

③在新能源汽车整车或底盘基础上进行改装，但改装未影响到车载能源系统、驱动系统和控制系统时，仅需提交以下资料〔不包括第（1）项的资料〕：

（a）改装说明材料；

（b）第（2）项材料。

除本次申报产品需实测的检测报告、产品使用地省级工信主管部门有关示范运行区域的批准文件允许在产品列入综合审查前上传以外，其余文件均需在产品试验方案审查阶段提交。

采用加强起动机方案或 BSG 方案的、仅具有怠速起停功能的混合动力汽车，如采用 12V 或 24V 的铅酸电池，不具备参与驱动的电机，则不需提供动力电池和驱动电机的专项检测报告。

4）方案表的填报

方案表的填报，是企业对于产品具体项目是否需要实测或者视同检验的统计，检测机构根据企业填报的方案表项目进行试验，出具检验报告并上传至中机中心，供专家审核。方案表的填报内容见图 2－20。企业在填报方案表时，应严格按同一型式、同一型号要求，逐项判断该项目是否需要实际检验、视同、不需检、已检（同底盘）、豁免。在申请检验类别下拉菜单中分别选择“△、○、■、●、★”。

检验方案

项目代号	检验项目	依据	申请检验类别	实测项目数	配置组合说明	产品ID	产品型号	检验报告编号	说明
1	轻型汽车排放污...	GB 18352.3—2005	■						
2	曲轴箱排放物	GB 18352.3—2005	■						
2	曲轴箱排放物	GB 11340—2005	■						
3	蒸发排放物	GB 18352.3—2005	■						
3	蒸发排放物	GB 14763—2005	■						
4	怠速排放	GB 18285—2005	■						
4	怠速排放	GB 18352.3—2005	■						
5	压燃式发动机和...	GB 17691—2005	■						
6	压燃式发动机和...	GB 3847—2005	■						
7	车用汽油机排气...	GB 14762—2008	■						
8	前照灯配光性能	GB 4599—1994	■						
8	前照灯配光性能	GB 4599—2007	■						
8	前照灯配光性能	GB 21259—2007	■						
9	前雾灯配光性能	GB 4560—1994	■						
9	前雾灯配光性能	GB 4660—2007	■						
10	后雾灯配光性能	GB 11554—2008	■						

图 2－20　方案表的填报内容

（1）如果申报车型时正值方案表升级期间，上传提示第几项方案表没有填写，并不是指该车型该项目未填写，而是表示该车型该方案表项目不齐，需要在查询修改中对检验方案表页面重新保存再进行上传。

（2）对于新能源汽车产品，还应填报新能源检验方案，新能源检验方案表的填报内容及格式见图 2－21。

基本情况 | 技术参数 | 底盘发动机 | 部件材料 | 新能源佐证材料 | 检验方案 | 新能源方案 | 备案参数表 | 结构图纸

新能源汽车专项性能检测项目方案表

项目代号	检验项目	依据	申请检验类别	实测项目数	配置组合说明	产品ID	产品型号	检验报告编号	说明
1	车载能源-锌空气电池	GB/Z18333.2-2001	■						
1	车载能源-超级电容	QC/T741-2006	■						
1	车载能源-铅酸电池	QC/T742-2006	■						
1	车载能源-锂电池	QC/T743-2006	■						
1	车载能源-镍氢电池	QC/T744-2006	■						
2	电动汽车用电机及...	GB/T18488.1-200...	■						
3	电动汽车安全要求	GB/T18384.1-200...	■						
3	电动汽车安全要求	GB/T19751-2005	■						
4	电动车辆的电磁场...	GB/T18387－2008	■						
5	电动汽车操纵件、...	GB/T4094.2-2005	■						
6	电动汽车用仪表	GB/T19836-2005	■						
7	电动汽车 能量消耗...	GB/T18386－2005	■						
7	轻型混合动力汽车...	GB/T19753-2013	■						
7	重型混合动力汽车...	GB/T19754-2005	■						
8	电动汽车风窗玻璃...	GB/T 24552-2009	■						
9	纯电动乘用车技术...	GB/T28382-2012	■						
10	燃料电池电动汽车...	GB/T24549-2009	■						
11	燃料电池发动机性能	GB/T24554-2009	■						
12	燃料电池汽车加氢口	GB/T26779-2011	■						
13	燃料电池电动汽车...	GB/T29126-2012,...	■						
14	电动汽车传导充电...	GB/T 20234.1-2011	■						
15	电动汽车传导充电	GB/T 20234.2-2011	■						

保存　选择检验方案模板　填写/修改配置组合说明

选择产品ID　填写/修改说明　复制视同产品　粘贴视同产品

图 2－21　新能源检验方案表的填报内容及格式

（二）变更扩展申报

已经上《公告》的产品因为增加或变更某种配置，可通过变更扩展申报进行。申报内容及格式见图 2－22。

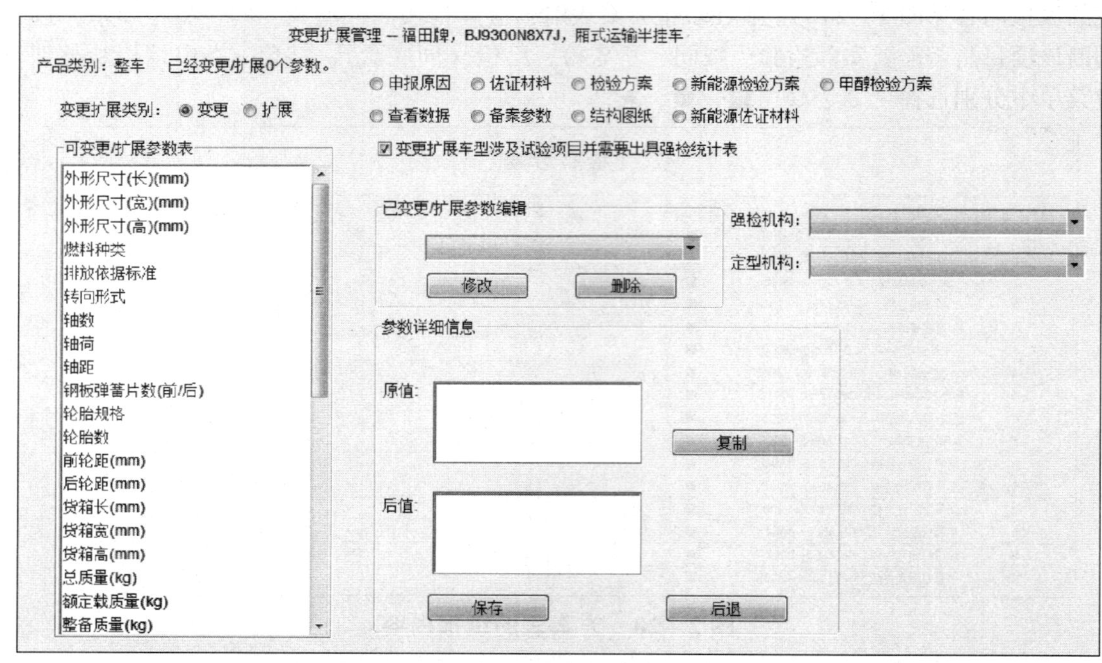

图 2－22　变更扩展申报内容及格式

1. 变更扩展的类型

1）变更申报

例如由 A 改为 B，外形尺寸高 1 920，变更为 1 940，后值应填写 1 940，发布后最终值为 1 940。

2）扩展申报

例如由 A 改为 AB，外形尺寸高 1 920，扩展为高 1 940，后值应填写 1 940。发布后最终值为 1 920，1 940。

2. 变更扩展申报应注意的事项

（1）在进行扩展申报时，企业只需写扩展后值，在把扩展车型上传到在线系统后，企业进行提交时，系统自动带上原参数。见图 2－23。

（2）提交时，关闭广告拦截器等工具，否则，原值有可能会丢失。

（3）提交时，如果多次单击提交按钮，原值会出现多次。

（4）变更扩展修改反馈时，扩展产品应该写最终值，而不是后值。

（5）变更扩展参数如果涉及试验项目，需要选择“变更扩展车型涉及试验项目并需要出具强检统计表”，并选择强检机构或定型机构。见图 2－24。

（6）如果初次申报未选择检测机构，专家审核时发现问题，企业反馈时，建议修改功能为“无法添加检测机构”。

（7）相关项目，如适用，就应该勾选并填报，见图 2－25。

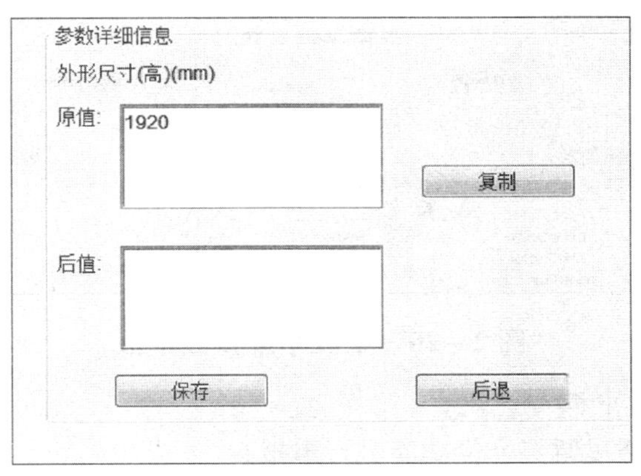

图 2－23　变更扩展申报值

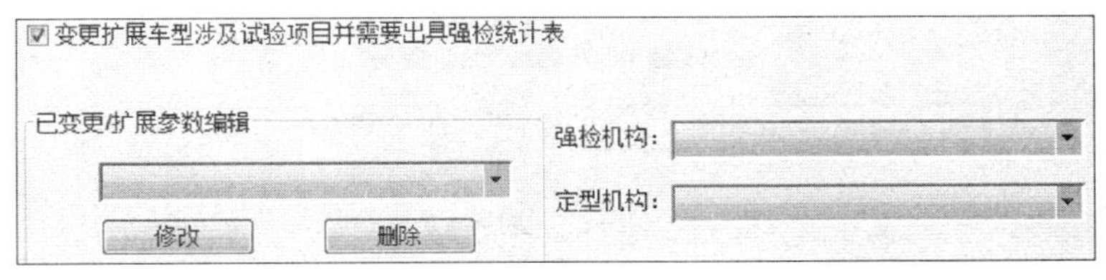

图 2－24　变更扩展涉及强检项目

◎ 申报原因　◎ 佐证材料　◎ 检验方案　◎ 新能源检验方案　◎ 甲醇检验方案
◎ 查看数据　◎ 备案参数　◎ 结构图纸　◎ 新能源佐证材料

图 2－25　相关项目选择

3. 相关项目的解释

（1）申报原因：填写变更扩展原因。

（2）佐证材料（新能源佐证材料）：提供专家审查用的一些证明材料。

（3）检验方案（新能源检验方案、甲醇检验方案）：变更扩展项目涉及的（新能源、甲醇）方案表。

（4）查看数据：车型信息预览。

（5）备案参数：变更或扩展的备案参数。

（6）结构图纸：变更或扩展项目涉及的结构图纸。

（三）整改车型申报

《公告》中不符合技术要求的车型系统将自动加上整改标记，企业需通过离线系统进行整改申请，待整改数据发布后，方可进行其他参数变更扩展申报。整改车型申报见图 2－26。

图 2－26 中，“A”表示该车型不在此次整改范围，如符合此情况，请勾选。“B”表示该车型已经整改，满足此次整改要求。并选择整改批次。如符合此情况，请勾选。

如果不是以上两种，请选择“整改车型”，进行整改申报。

整改车型在申报时，与变更扩展车型申报过程相同。

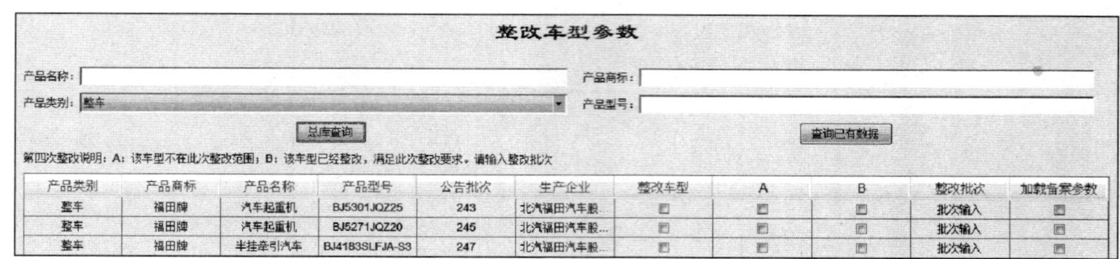

整改车型参数

产品名称： 产品商标：
产品类别：整车 产品型号：
总库查询 查询已有数据
第四次整改说明：A：该车型不在此次整改范围；B：该车型已经整改，满足此次整改要求。请输入整改批次

产品类别	产品商标	产品名称	产品型号	公告批次	生产企业	整改车型	A	B	整改批次	加载备案参数
整车	福田牌	汽车起重机	BJ5301JQZ25	243	北汽福田汽车股...	☐	☐	☐	批次输入	☐
整车	福田牌	汽车起重机	BJ5271JQZ20	245	北汽福田汽车股...	☐	☐	☐	批次输入	☐
整车	福田牌	半挂牵引汽车	BJ4183SLFJA-S3	247	北汽福田汽车股...	☐	☐	☐	批次输入	☐

图 2－26　整改车型参数申报

（四）暂停车型恢复申报

被暂停的车型可以通过暂停恢复功能进行申报。

恢复前需要将总库更新到最新批次，以便能查找到最新被暂停车型。见图 2－27。

企业暂停车型产品查询

产品商标： 产品型号：BJ5020V3BV5-A
产品名称：
查询 重置

产品型号	产品名称	产品商标	产品类别	暂停批次	申请恢复
BJ5010V0BV2-S	厢式运输车	福田牌	改装车	250	☐
BJ5010V0DV3-S	厢式运输车	福田牌	改装车	250	☐
BJ5020V2BV2-S	厢式运输车	福田牌	改装车	250	☐
BJ5020V2BV2-S1	厢式运输车	福田牌	改装车	250	☐
BJ5020V2DV3-S	厢式运输车	福田牌	改装车	250	☐
BJ5020V2DV3-S3	厢式运输车	福田牌	改装车	250	☐
BJ5020V3BV5-A	厢式运输车	福田牌	改装车	250	☐
BJ5022V2BB3-A	厢式运输车	福田牌	改装车	250	☐
BJ5030V3BV2-A	厢式运输车	福田牌	改装车	250	☐
BJ5030V3BV2-B	厢式运输车	福田牌	改装车	250	☐

图 2－27　企业暂停车型产品查询

被撤销的产品不能恢复。

暂停恢复申报与新产品申报基本相同，唯一的区别是，暂停恢复的车辆型号为《公告》内型号，新产品型号不是《公告》内型号。

（五）产品上传

将离线申报软件中的车型上传到服务器中。如果服务器已有相同型号产品，系统将会覆盖原有服务器数据。如果服务器中的车型已提交，则不能覆盖上传。见图 2－28 和图 2－29。

（六）产品提交

产品申报上传后，在在线系统中需进行提交。对于集团用户，其子公司需要提交到集团公司，由集团公司进行提交；对于普通用户，可自己提交。见图 2－30。

（七）建议修改

（1）产品申报提交后，中机中心综合部受理，并分配技术部相关专家审核，审查过程中，审查专家通过建议修改方式，将审查有异议的产品反馈给企业，企业可通过“建议修改功能”（企业需要在离线系统中加载反馈信息，才能看到哪些车型需要修改，见图 2－31）进行修改（见图 2－32）、提交，无须退回重新申报。企业反馈后的产品直接返回原审查专家。

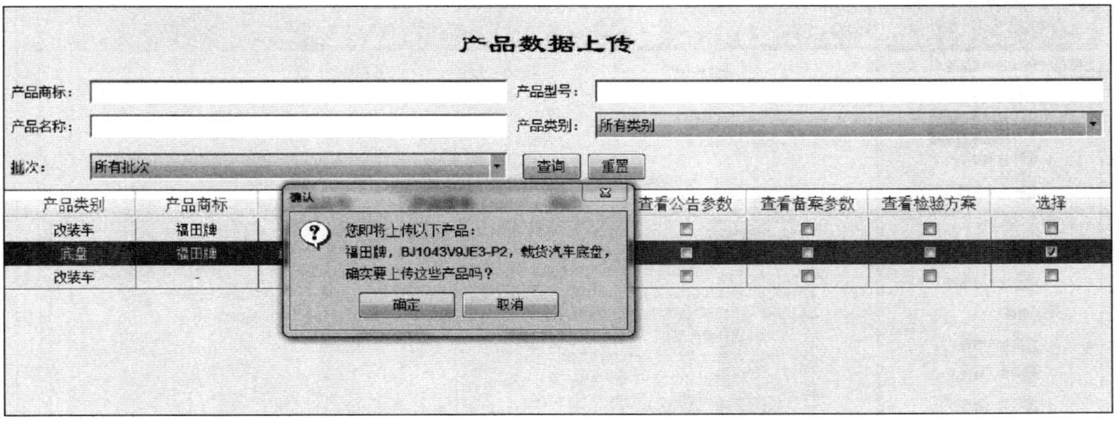

产品数据上传

产品商标：　　产品型号：

产品名称：　　产品类别：所有类别

批次：所有批次　查询　重置

产品类别	产品商标		查看公告参数	查看备案参数	查看检验方案	选择
改装车	福田牌		☐	☐	☐	☐
底盘	福田牌		☐	☐	☐	☑
改装车	-		☐	☐	☐	☐

确认

您即将上传以下产品：
福田牌，BJ1043V9JE3-P2，载货汽车底盘，
确实要上传这些产品吗？

确定　取消

图 2－28　产品上传选择

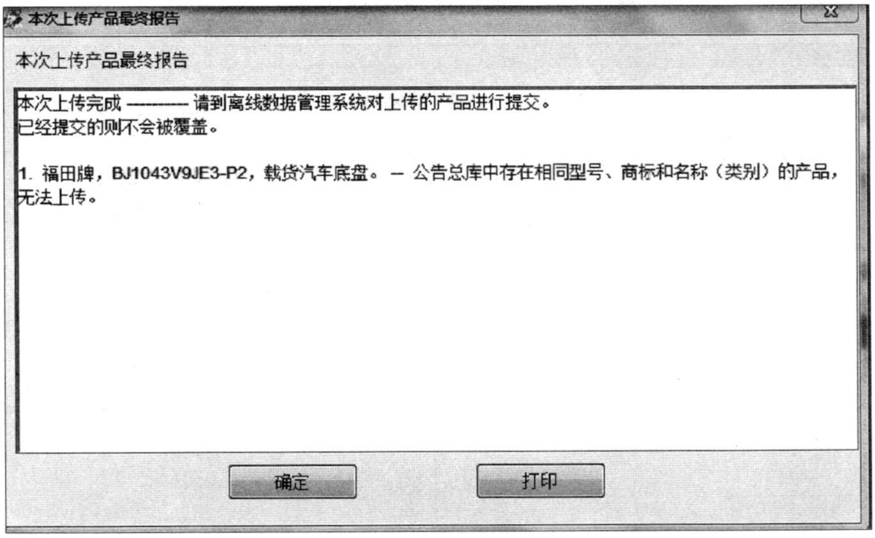

本次上传产品最终报告

本次上传产品最终报告

本次上传完成 --------- 请到离线数据管理系统对上传的产品进行提交。
已经提交的则不会被覆盖。

1. 福田牌，BJ1043V9JE3-P2，载货汽车底盘。 — 公告总库中存在相同型号、商标和名称（类别）的产品，无法上传。

确定　打印

图 2－29　产品上传后系统提示

北汽福田汽车股份有限公司 (GN010002)	载货汽车底盘	BJ1049V8AEA-FA	福田牌	二类底盘	国家汽车质量监督检验中心（长春）	查看全部信息 查看备案参数 查看检验方案	查看审核状态	新产品与反馈已提交
北汽福田汽车股份有限公司 (GN010002)	载货汽车底盘	BJ1049V8PEA-FA	福田牌	二类底盘	国家汽车质量监督检验中心（长春）	查看全部信息 查看备案参数 查看检验方案	查看审核状态	新产品与反馈已提交
北汽福田汽车股份有限公司 (GN010002)	载货汽车	BJ1049V9PD6-*	福田牌	N2、N3，二类底盘改装	国家工程机械质量监督检验中心	修改产品信息 删除产品信息 查看全部信息 查看备案参数 查看检验方案	查看审核状态	☐提交集团
北汽福田汽车股份有限公司 (GN010002)	载货汽车底盘	BJ1049V9JW6-AA	福田牌	二类底盘	国家汽车质量监督检验中心（长春）	查看全部信息 查看备案参数 查看检验方案	查看审核状态	新产品与反馈已提交
北汽福田汽车股份有限公司 (GN010002)	载货汽车	BJ1049V9JW6-AA	福田牌	N2、N3，二类底盘改装	国家汽车质量监督检验中心（长春）	查看全部信息 查看备案参数 查看检验方案	查看审核状态	新产品与反馈已提交
北汽福田汽车股份有限公司 (GN010002)	载货汽车底盘	BJ1049V9AW6-AA	福田牌	二类底盘	国家汽车质量监督检验中心（长春）	查看全部信息 查看备案参数 查看检验方案	查看审核状态	新产品与反馈已提交

图 2－30　产品提交功能

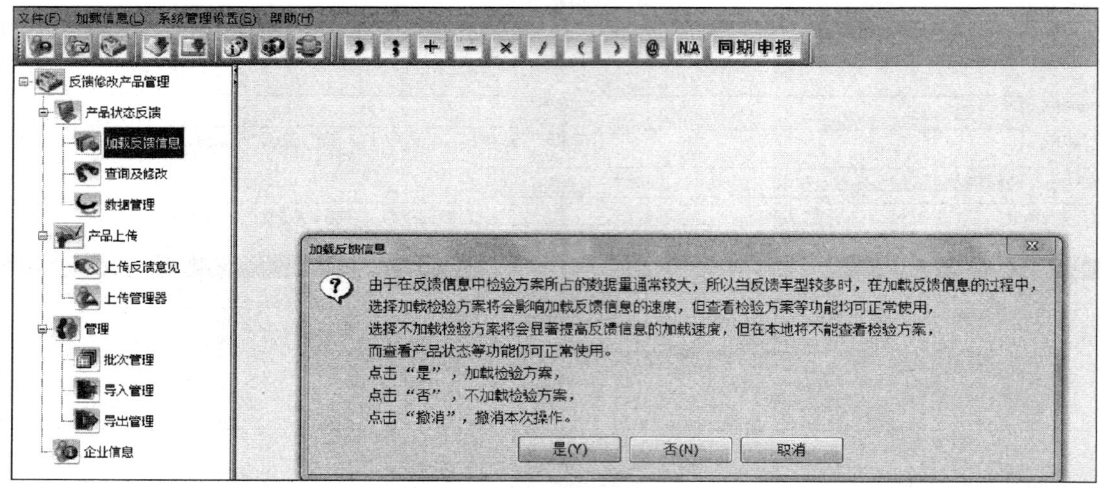

图 2－31　加载建议修改反馈信息

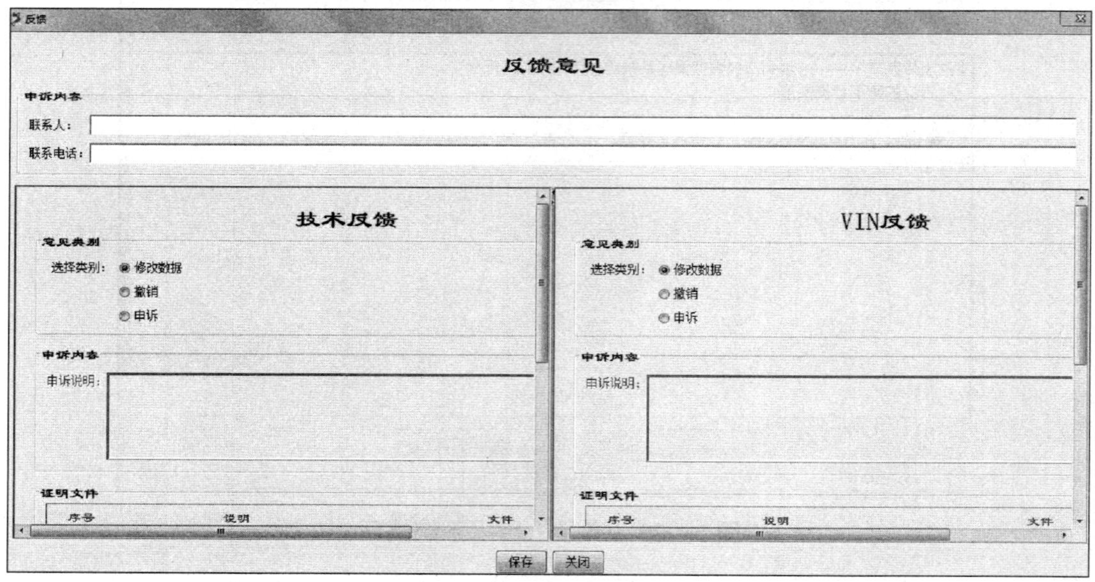

图 2－32　企业修改反馈信息操作

（2）建议修改，企业修改上传后，改动数据会以红色标注，见图 2－33。

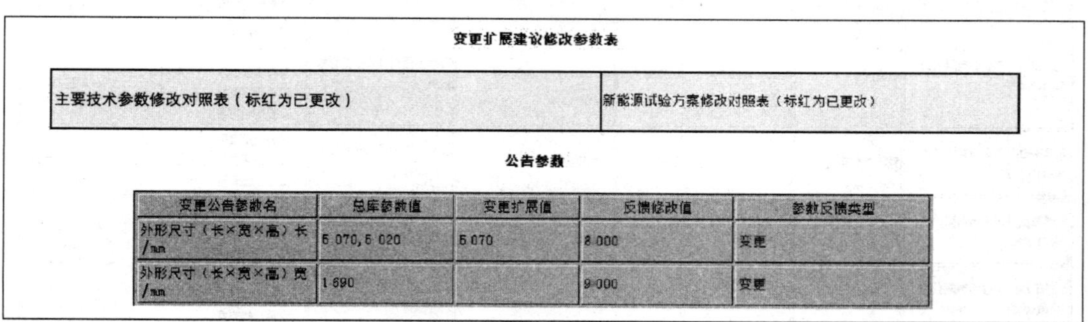

变更扩展建议修改参数表

主要技术参数修改对照表（标红为已更改）	新能源试验方案修改对照表（标红为已更改）

公告参数

变更公告参数名	总库参数值	变更扩展值	反馈修改值	参数反馈类型
外形尺寸（长×宽×高）长/mm	5 070,5 020	5 070	8 000	变更
外形尺寸（长×宽×高）宽/mm	1 690		9 000	变更

图 2－33　修改数据将以红色字体标记

（八）技术审查结论查询

中机中心专家对产品审核完成后，企业在在线系统或离线系统中均可对该产品的审查结论进行查询，见图 2－34。

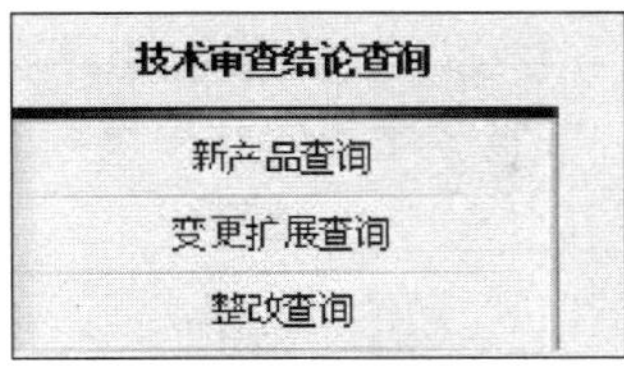

（a）

序号	产品商标	产品型号	产品名称	批次	审查结论	查看
1	福田牌	BJ3168DLJFA-1	自卸汽车底盘	203	通过	查看详细
2	福田牌	BJ3083DEPBA-4	自卸汽车	203	通过	查看详细
3	福田牌	BJ3083DEPBA-5	自卸汽车	203	通过	查看详细

（b）

图 2－34　技术审查结论查询

（九）车型退回与产品撤销

企业可以对产品进行退回、撤销操作、退回建议修改。见图 2－35。

（1）企业申请退回后，可将车型进行释放。企业再次申报时，需重新走申报流程。见图 2－36。

（2）企业对于已公告的车型，觉得已无作用，可以自行进行撤销操作，见图 2－37。在下一批《公告》发布时，将对该车型撤销发布。

图 2－35　产品退回与撤销

退回车型管理

	企业名称	申报用户名	产品名称	产品型号	产品商标	产品类别	受理状态	勾选退回
1	北汽福田汽车股份有限公司	GN010002	多用途货车	BJ1027V2MS5-AA	福田牌	N1，二类底盘改装	查看审核状态	☐
2	北汽福田汽车股份有限公司	GN010002	多用途货车底盘	BJ1027V2MS5-AA	福田牌	二类底盘	查看审核状态	☐
3	北汽福田汽车股份有限公司	GN010002	载货汽车	BJ1036V3AL5-P4	福田牌	N1，二类底盘改装	查看审核状态	☐

图 2－36　企业车型退回操作

车型撤销

	企业名称	申报用户名	产品名称	产品型号	产品商标	批次	撤销	提交
1	北汽福田汽车股份有限公司	GN010002	载货汽车	BJ1026V2AV6-D2	福田牌	266	撤销	请先从左侧撤销
2	北汽福田汽车股份有限公司	GN010002	载货汽车	BJ1026V3JV6-D1	福田牌	266	撤销	请先从左侧撤销
3	北汽福田汽车股份有限公司	GN010002	多用途货车	BJ1027V2MD6-XA	福田牌	266	撤销	请先从左侧撤销

图 2－37　企业车型撤销操作

（3）企业在产品申报后，发现产品申报有误，需退回修改，按此操作。企业可通过“退回建议修改功能”进行修改、提交，无须退回重新申报。节省了退回重新申报的排队、受理、分配、等候时间，企业反馈后的产品直接返回原审查专家。

此操作只有在方案下达后才能操作，对于方案未下达的产品，不能进行此操作。操作见图 2－38。

申请修改

	企业名称	申报用户名	产品名称	产品型号	产品商标	产品类别	受理状态	勾选退回
1	北汽福田汽车股份有限公司	GN010002	多用途货车	BJ1027V2MS5-AA	福田牌	N1，二类底盘改装	查看审核状态	☐
2	北汽福田汽车股份有限公司	GN010002	多用途货车底盘	BJ1027V2MS5-AA	福田牌	二类底盘	查看审核状态	☐

图 2－38　企业退回建议修改操作

（十）服务器端产品查询

在服务器端可以查询到已经上传到服务器端的所有产品。在离线系统中，只要加载信息，也可以查询。见图2－39。

服务器端产品查询

产品商标：　　产品型号：

产品名称：

查询　重置

产品型号	产品名称	产品商标	上传时间	已提交	选择
BJ1043V9JE3-P23	载货汽车底盘	福田牌	2013-07-08 01:06:22	否	
BJ5032CCY-A4	仓栅式运输车	福田牌	2013-07-04 09:46:53	是	
BJ5032XXY-A5	厢式运输车	福田牌	2013-07-04 09:46:52	是	
BJ5032XXY-A6	厢式运输车	福田牌	2013-07-04 09:46:52	是	
BJ5032XXY-A4	厢式运输车	福田牌	2013-07-04 09:46:52	是	
BJ1032V3PB3-A5	载货汽车	福田牌	2013-07-04 09:46:51	是	
BJ1032V3JB3-A4	载货汽车	福田牌	2013-07-04 09:46:51	是	
BJ1032V3AB3-A6	载货汽车	福田牌	2013-07-04 09:46:51	是	
BJ1032V3AB3-A6	载货汽车底盘	福田牌	2013-07-04 09:46:50	是	
BJ1032V3PB3-A5	载货汽车底盘	福田牌	2013-07-04 09:46:49	是	

一共找到579条记录，每页显示10条，一共58页，当前为第1页。

转到　第 1 页　上一页　下一页　全选　反选　下载

图2－39　服务器端产品查询

（十一）《公告》产品查询

在《公告》产品查询系统中可以查询本企业已经发布《公告》的所有车型及其参数，服务器端和离线软件中（需要加载信息）均可查询。见图2－40。

《公告》产品查询

产品商标：　　产品型号：

产品名称：　　批次：全部

查询原总库　查询底盘库　重置

产品型号	产品名称	产品商标	查看
BJ1089VDPFG-SD	载货汽车	福田牌	
BJ1049V9AD6-SB	载货汽车	福田牌	
BJ4253SMFJB-S1	半挂牵引车	福田牌	
BJ1043V8AE6-MS	载货汽车	福田牌	
BJ1069VCJEA-D	载货汽车	福田牌	
BJ5059VBCEA-KD	厢式运输车	福田牌	
BJ5059VBBEA-KD	厢式运输车	福田牌	
BJ5036E1DXA-S1	邮政车	福田牌	
BJ9284NBT7C	半挂车	欧曼牌	
BJ1049V9JEA-KS1	载货汽车	福田牌	

一共找到4992条记录，每页显示10条，一共500页，当前为第1页。

转到　第 1 页　上一页　下一页

图2－40　《公告》产品查询

（十二）报告目录查询

在报告目录查询系统中企业可以查询到本企业所有已上传的报告，有两种查询方式。

1. 按报告编号查询

可根据报告编号来查询该报告目录状态、上传时间及是否入库。在审查中专家只能打开已入库的检测报告。见图 2－41。

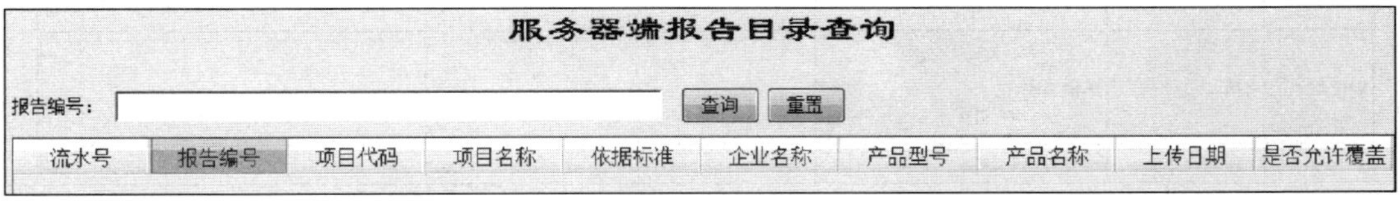

服务器端报告目录查询

报告编号： [查询] [重置]

流水号	报告编号	项目代码	项目名称	依据标准	企业名称	产品型号	产品名称	上传日期	是否允许覆盖

图 2－41　按报告编号查询报告

注：是否允许覆盖：①是：表示该报告没有被使用，检测机构可能覆盖；

②否：表示检测报告已入库

2. 按产品信息查询

在这种方式下，可按照产品型号查询该车所涉及的所有报告。见图 2－42。本企业只能查询本企业的检测报告。

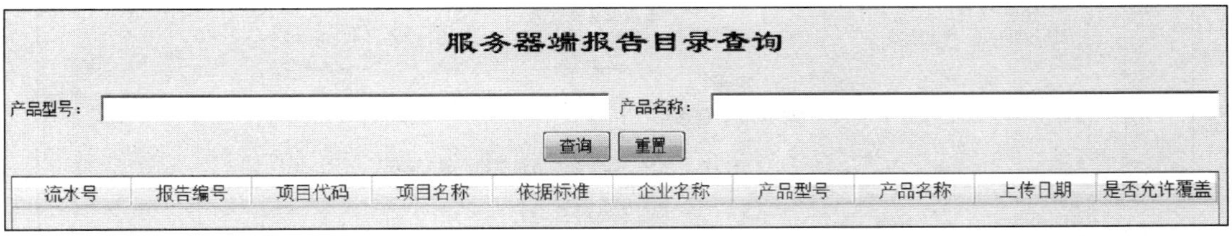

服务器端报告目录查询

产品型号： 产品名称：

[查询] [重置]

流水号	报告编号	项目代码	项目名称	依据标准	企业名称	产品型号	产品名称	上传日期	是否允许覆盖

图 2－42　按产品信息查询报告

（十三）新能源节油率申报

新能源节油率申报，也可在此软件中进行申报，见图 2－43。

查询类别： 产品型号

查询条件：

[查询]

企业名称(申报用户名)	产品名称	产品型号	产品商标	新能源节油率参数申报	提交状态
北汽福田汽车股份有限公司	混合动力城市客车	BJ6123C7B4D	福田牌	◉申报	请先申报参数
北汽福田汽车股份有限公司	混合动力城市客车	BJ6113C7M4D	福田牌	○申报	请先申报参数
北汽福田汽车股份有限公司	燃料电池混合动力城市客车	BJ6123C6N4D	福田牌	○申报	请先申报参数
北汽福田汽车股份有限公司	纯电动城市客车	BJ6123EVCA-11	福田牌	○申报	请先申报参数
北汽福田汽车股份有限公司	纯电动城市客车	BJ6123EVCA-12	福田牌	○申报	请先申报参数
北汽福田汽车股份有限公司	纯电动城市客车	BJ6127EVCA-2	福田牌	○申报	请先申报参数
北汽福田汽车股份有限公司	混合动力城市客车	BJ6123C7B4D-1	福田牌	○申报	请先申报参数
北汽福田汽车股份有限公司	混合动力城市客车	BJ6113C7M4D-1	福田牌	○申报	请先申报参数
北汽福田汽车股份有限公司	纯电动城市客车	BJ6123C6B4D	福田牌	○申报	请先申报参数
北汽福田汽车股份有限公司	纯电动城市客车	BJ6123C6B4D-1	福田牌	○申报	请先申报参数

（a）

图 2－43　新能源节油率申报

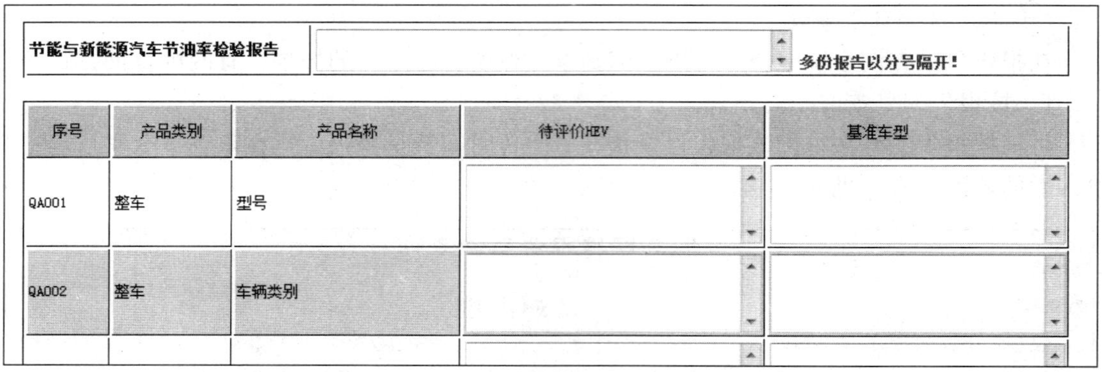

节能与新能源汽车节油率检验报告		多份报告以分号隔开！

序号	产品类别	产品名称	待评价HEV	基准车型
QA001	整车	型号		
QA002	整车	车辆类别		

(b)

图 2-43　新能源节油率申报（续）

（十四）专用车名称备案管理

企业申报的专用车产品名称必须是 GB/T 17350—2009 内的产品名称，或是备案通过的名称。申请的专用车名称通过后，需重新加载企业信息库，将最新的专用车名称数据库加载到离线软件中。见图 2-44。

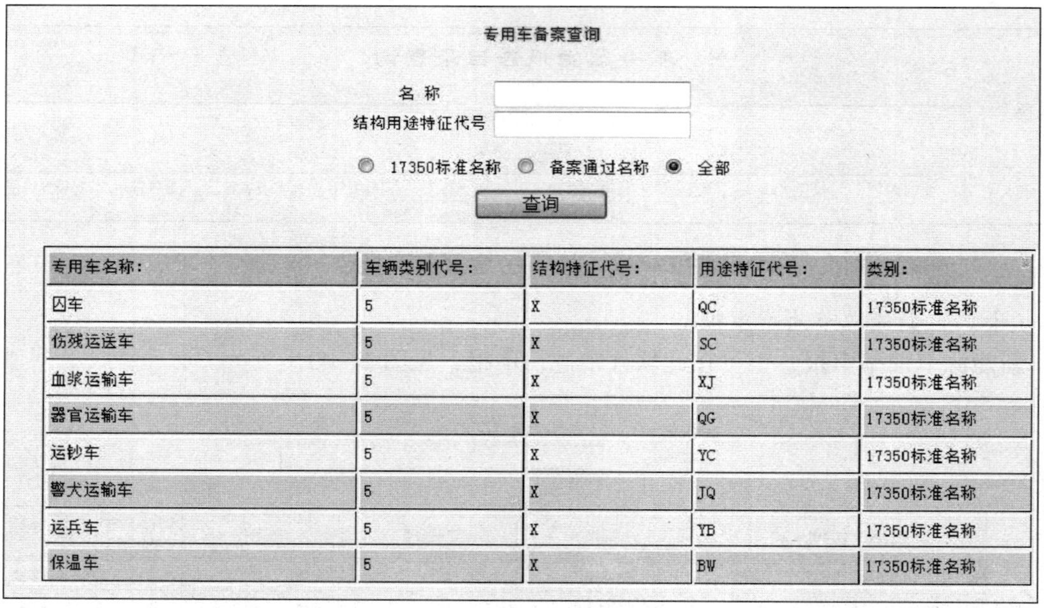

专用车备案查询

名 称

结构用途特征代号

○ 17350标准名称 ○ 备案通过名称 ● 全部

查询

专用车名称：	车辆类别代号：	结构特征代号：	用途特征代号：	类别：
囚车	5	X	QC	17350标准名称
伤残运送车	5	X	SC	17350标准名称
血浆运输车	5	X	XJ	17350标准名称
器官运输车	5	X	QG	17350标准名称
运钞车	5	X	YC	17350标准名称
警犬运输车	5	X	JQ	17350标准名称
运兵车	5	X	YB	17350标准名称
保温车	5	X	BW	17350标准名称

图 2-44　专用车名称备案管理

（十五）新版软件更新内容介绍

1. 选择发动机参数

将企业离线系统中《公告》参数部分"发动机生产企业"由原有的文本输入框变为下拉选择框。企业可在发动机企业名称库进行选择申报。见图 2-45。如所申报的发动机企业不在"发动机企业名称库"中，需要发动机企业登录发动机企业管理系统进行注册登记。发动机企业注册网址为：http://gonggao.org.cn:18082/EBase/login/login.action 初次登录需进行注册。

底盘和发动机数据

24.底盘型号	24.生产企业	24.底盘类别

25.发动机型号	25.生产企业	4.排量（ml）	4.功率（kW）

添加发动机　删除发动机

图 2－45　选择发动机参数

注册范围如下：

（1）国内所有发动机企业。

（2）进口发动机企业。

2. 企业申报状态调整

1）等待受理

方案提交，但是综合部未受理。

2）等待审查

综合部受理，但未分配方案，或者虽已分配方案，但处于主审专家审查排队中。

3）主审审查中

主审专家正在审查该车型，还没有下结论。

4）主审审查完毕

等待复审审查，即主审专家已经有结论，但处于复审审查排队中。

5）复审审查中

复审专家正在审查该车型，还没有下结论。

6）复审审查完毕

等待批准审查。

（1）对于通过或不通过，复审专家已经有结论，但处于批准审查排队中。

（2）对于建议修改产品，建议修改，等待反馈。

7）批准审查完毕

（1）对于通过产品，批准审查完毕，等待下达方案。

（2）对于不通过产品，批准审查完毕，等待下达方案，退回企业。

3. 显示当前审查专家工作数量

（1）显示主审专家当前审查数量，初次审查数量。

（2）显示复审专家当前审查数量

（3）显示批准专家当前审查数量

4．勘误申请从网上申报，见图 2－46。

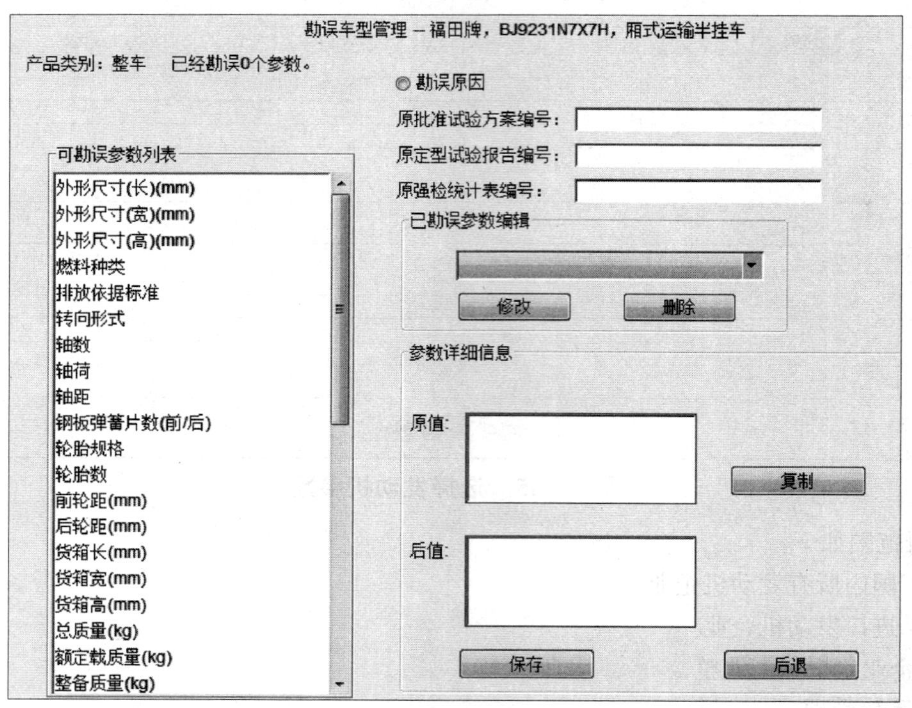

图 2－46　勘误产品申报界面

（1）登录系统后，选择勘误车型图标，进入勘误操作界面。

（2）选择批次，按照型号、商标查询出需要勘误的车型，点击进入。

（3）选择参数，依次修改。过程可参考变更流程。

（4）勘误产品上传后，在线系统确认无误，提交。等待中机中心受理。

（5）定型试验报告、强检统计表编号不能为空。勘误产品不需要填报试验方案，但是必须注明勘误原因，并提供相应佐证材料或报告。

（6）对于同一产品已申报扩展变更的项目，不可以进行勘误操作。

（7）中机中心综合人员通过（初审及核准二级核查）受理后，自动转到技术部，安排专家三级审核。

（8）技术部完成三级审批通过，加入下一批《公告》发布。

（9）如果专家审核发现问题，则勘误不通过，直接退回企业。

（10）勘误车型未列入状态时，可以申请退回，重新申报。

（11）勘误时需注意的事项：

①勘误产品申报只适用于完全属于申报失误的原因造成发布参数不正确，不需要试验报告支持。

②勘误申报没有“建议修改”功能，如果审核不通过，直接退回企业。

③可以同时对一个产品进行变更、扩展或勘误申报，但同一车型下的同一参数，不可以同时进行两种申报。

④参数勘误批准发布后，原数据产品立即失效，没有过渡期。

5. 增加申报产品列入当批审查功能

（1）所有检测报告上传齐全和视同报告入库的产品，企业可以申请列入审查，并选择希望列入的批次。

（2）整车与底盘同期申报的产品，先列入底盘产品，待底盘产品申请后，才可申请整车申请入库。

（3）需要注意的问题：

①在新产品或变更扩展产品列入审查的同时，其检测报告也同时入库。

②检测报告入库后，不可以再对报告进行覆盖上传。

③零部件委托项目报告可以向检测机构申请受理，零部件报告非实测非委托项目需向中机单独申请受理，其他不在范围内的报告，会随试验车型统一入库。

④在方案审查过程中，只能调用入库或者已受理的检测报告。

⑤列入审查过程中的特殊情况，需向中机单独申请受理。如互相视同产品无法列入等。

6. 增加反馈车型在线沟通功能

专家建议修改产品，如果有疑义，可及时通过在线“产品反馈”功能与审查专家进行及时沟通。

7. 所有上报数据提交时校验

如：检测机构为 QX070002、QX020002，检验方案中 1 ~7 项，74 含实测的项目，提示企业：第 × 项目 6 月 1 日—7 月 1 日暂停申报。

如：检测机构为 QX221005，检验方案中 1 ~7 项，74 含实测的项目，提示企业：第 × 项目 6 月 1 日—12 月 1 日暂停申报。

8. 企业缴费成功后可做的工作

可从在线系统根据快递单号查询发票当前位置。

9. 油耗值参数修改功能

方案下达后，对新产品列入之前的产品，在线系统增加“油耗值参数修改”一项内容。见图 2 -47。

油耗值修改

产品型号：请输入产品型号　产品名称：请输入产品名称　产品商标：请输入产品商标　查找

	企业名称	申报用户名	产品名称	产品型号	产品商标	产品类别	检测机构	受理状态	修改油耗值
1	北汽福田汽车股份有限公司	GN010002	厢式运输车	BJ5030V4DB3-S2	福田牌	N1，二类底盘改装	国家汽车质量监督检验中心（长春）	查看审核状态	修改
2	北汽福田汽车股份有限公司	GN010002	载货汽车底盘	BJ1089VEJEA-FB	福田牌	二类底盘	国家汽车质量监督检验中心（长春）	查看审核状态	修改
3	北汽福田汽车股份有限公司	GN010002	载货汽车底盘	BJ1089VEPEA-FB	福田牌	二类底盘	国家汽车质量监督检验中心（长春）	查看审核状态	修改
4	北汽福田汽车股份有限公司	GN010002	载货汽车底盘	BJ1049V9JEA-FA	福田牌	二类底盘	国家汽车质量监督检验中心（长春）	查看审核状态	修改
5	北汽福田汽车股份有限公司	GN010002	载货汽车底盘	BJ1049V9PEA-FA	福田牌	二类底盘	国家汽车质量监督检验中心（长春）	查看审核状态	修改
6	北汽福田汽车股份有限公司	GN010002	混凝土搅拌运输车底盘	BJ5258GLFKB-2	福田牌	二类底盘	国家工程机械质量监督检验中心	查看审核状态	修改

图 2 -47　在线系统增加“油耗值参数修改”界面

（十六）离线软件下载地址

（http://www.catarc.info/T-gg.html）

（十七）在线网址

http://gonggao.org.cn:18082/MAI/Jsp/cpmanage/login.jsp

1. 简述《公告》申报的流程。

2. 目前《公告》有哪些准入管理规则？其核心内容是什么？
3.《公告》管理有哪些强制性检验标准？
4. 简述《公告》管理的主要作用。
5.《公告》管理、专家技术审查的主要法规文件有哪些？
6. 如何正确使用《公告》申报软件？

第三章

《机动车强制性产品认证（3C 认证）》管理

3.1 《机动车强制性产品认证（3C 认证）》的主要作用

为了保护国家安全、保护人体健康或者安全、保护动植物生命或者健康、保护环境，国家规定相关产品必须经过认证，并标注认证标志后，方可出厂、销售、进口或者在其他经营活动中使用。汽车产品是首批列入的 22 类产品中需《机动车强制性产品认证（3C 认证）》（以下简称《3C 认证》）的产品。

国家质量监督检验检疫总局（以下简称国家质检总局）主管全国强制性产品认证工作；国家认证认可监督管理委员会（以下简称国家认监委）负责全国强制性产品认证工作的组织实施、监督管理和综合协调；地方各级质量技术监督部门和各地出入境检验检疫机构（以下简称地方质检两局）按照各自职责，依法负责所辖区域内强制性产品认证活动的监督管理和执法查处工作。

3.2 《机动车强制性产品认证（3C 认证）》执行的宏观政策、法规

《3C 认证》执行的宏观政策、法规泛指《3C 认证》管理的依据，是政府行使行业管理职能的依据，包括以下几种：

（1）《中华人民共和国认证认可条例》（国务院令第 390 号）。

（2）《强制性产品认证管理规定》（质检总局第 117 号令）。

（3）《中华人民共和国产品质量法》。

3.3 《机动车强制性产品认证（3C 认证）》执行的强制性检验标准

汽车产品《3C 认证》执行的强制性检验标准及型式试验项目见表 3－1。

表 3－1　汽车产品《3C 认证》执行的强制性检验标准及型式试验项目

型式试验项目	项目序号	检验项目	依据标准	标准名称
01 一般安全	01－01	标志	GB 7258—2012	《机动车运行安全技术条件》
			GB 13392—2005	《道路运输危险货物车辆标志》
			GB/T 17676—1999	《天然气汽车和液化石油气汽车标志》
			GB 30509—2014	《车辆及部件识别标记》
			GB 24315—2009	《校车标识》
	01－02	VIN	GB 16735—2004	《道路车辆车辆识别代号（VIN）》
	01－03	尺寸、轴荷和质量		
	01－03－01	外廓尺寸、轴荷和质量	GB 1589—2016	《道路车辆外廓尺寸、轴荷及质量限值》
	01－03－02	后悬	GB 7258—2012	《机动车运行安全技术条件》
	01－03－03	核载	GB 7258—2012	《机动车运行安全技术条件》
	01－03－04	比功率	GB 7258—2012	《机动车运行安全技术条件》
	01－04	侧倾稳定角	GB 7258—2012	《机动车运行安全技术条件》
			GB 28373—2012	《N 类和 O 类罐式车辆侧倾稳定性要求》
			GB/T 14172—2009	《汽车倾翻稳定性台架试验方法》
	01－05	驾驶员前方视野	GB 11562—1994	《汽车驾驶员前方视野要求及测量方法》
	01－06	间接视野装置	GB 7258—2012	《机动车运行安全技术条件》
			GB 15084—2013	《机动车辆间接视野装置性能和安装要求》
	01－07	风窗玻璃除霜装置	GB 11555—2009	《汽车风窗玻璃除霜和除雾系统的性能和试验方法》
		电动汽车风窗玻璃除霜装置	GB/T 24552—2009	《电动汽车风窗玻璃除霜除雾系统的性能要求及试验方法》

续表

型式试验项目	项目序号	检验项目	依据标准	标准名称
01 一般安全	01－08	风窗玻璃除雾装置	GB 11555—2009	《汽车风窗玻璃除霜和除雾系统的性能和试验方法》
		电动汽车风窗玻璃除雾装置	GB/T 24552—2009	《电动汽车风窗玻璃除霜除雾系统的性能要求及试验方法》
	01－09	风窗玻璃刮水器	GB 15085—2013	《汽车风窗玻璃刮水器、洗涤器的性能要求及试验方法》
	01－10	风窗玻璃洗涤器	GB 15085—2013	《汽车风窗玻璃刮水器、洗涤器的性能要求及试验方法》
	01－11	车速表	GB 15082—2008	《汽车用车速表》
	01－12	喇叭	GB 15742—2001	《机动车用喇叭的性能要求及试验方法》
	01－13	操纵件、指示器和信号装置的图形标志	GB 4094—1999	《汽车操纵件、指示器及信号装置的标志》
		电动汽车操纵件、指示器和信号装置的图形标志	GB/T 4094. 2—2005	《电动汽车操纵件、指示器及信号装置的标志》
	01－14	号牌板	GB 7258—2012	《机动车运行安全技术条件》
			GB 15741—1995	《汽车和挂车号牌板（架）及其位置》
	01－15	燃料系统及排气管	GB 7258—2012	《机动车运行安全技术条件》
	01－16	汽车罩盖锁	GB 11568—2011	《汽车罩（盖）锁系统》
	01－17	防盗装置	GB 15740—2006	《汽车防盗装置》
	01－18	行驶记录装置	GB 7258—2012	《机动车运行安全技术条件》

续表

型式试验项目	项目序号	检验项目	依据标准	标准名称
01 一般安全	01 - 19	专用校车安全技术条件（M2、M3）	GB 24407—2012（翻滚）	《专用学生校车安全技术条件》
			GB 24407—2012（顶部静压）	《专用学生校车安全技术条件》
			GB 24407—2012（校车车内空气质量静态试验）	《专用学生校车安全技术条件》
			GB 24407—2012（客车侧倾稳定性）	《专用学生校车安全技术条件》
			GB 24407—2012（专用校车技术条件）	《专用学生校车安全技术条件》
		轻型客车结构（M2 类和 M3 类中的 A 级和 B 级单层客车）	GB 18986—2003（顶部静压）	《轻型客车结构安全要求》
			GB 18986—2003（一般要求）	《轻型客车结构安全要求》
		客车结构（M2 类和 M3 类中 Ⅰ 级、Ⅱ 级和 Ⅲ 级单层客车）	GB 13094—2007（侧倾稳定度 M2、M3 客车，满载）	《客车结构安全要求》
			GB 13094—2007（一般要求 M2、M3）	《客车结构安全要求》

续表

型式 试验项目	项目序号	检验项目	依据标准	标准名称
01 一般安全	01－19	卧铺客车	GB/T 16887—2008	《卧铺客车结构安全要求》
		双层客车	GB/T 19950—2005	《双层客车结构安全要求》
	01－20	道路运输爆炸品和剧毒化学品车辆安全技术条件（N类车）	GB 20300—2006	《道路运输爆炸品和剧毒化学品车辆安全技术条件》
	01－21	危险货物运输车辆结构要求（N、O类车）	GB 21668—2008	《危险货物运输车辆结构要求》
	01－22	机动车运行安全要求		
	01－22－01	超速报警和限速功能	GB 7258—2012	《机动车运行安全技术条件》
	01－22－02	灭火器及自动灭火装置	GB 7258—2012	《机动车运行安全技术条件》
		货车的特殊要求	GB 7258—2012	《机动车运行安全技术条件》
		危险货物运输车的特殊要求	GB 7258—2012	《机动车运行安全技术条件》
	01－22－03	座椅布置及朝向	GB 7258—2012	《机动车运行安全技术条件》
	01－22－04	变速器换挡装置	GB 7258—2012	《机动车运行安全技术条件》
02 被动安全	02－01	车门锁（M1、N1）	GB 15086—2013	《汽车门锁及车门保持件的性能要求和试验方法》
	02－02	车门保持件（M1、N1）	GB 15086—2013	《汽车门锁及车门保持件的性能要求和试验方法》
	02－03	座椅及固定件(M1、N类，M2、M3类的A级和Ⅰ级)	GB 15083—2006	《汽车座椅、座椅固定装置及头枕强度要求及试验方法》

续表

型式试验项目	项目序号	检验项目	依据标准	标准名称
02 被动安全	02－03	座椅及固定件（M2、M3类中除A级和Ⅰ级以外，2015年7月1日起）	GB 13057—2014	《客车座椅及车辆固定件的强度》
		专用校车学生座椅系统及其车辆固定件强度	GB 24406—2012	《专用学生校车座椅及其车辆固定件的强度》
	02－04	防止行李移动对乘员伤害（M1）	GB 15083—2006	《汽车座椅、座椅固定装置及头枕强度要求及试验方法》
	02－05	座椅头枕	GB 11550—2009（单席）	《汽车座椅头枕强度要求和试验方法》
			GB 11550—2009（多席）	《汽车座椅头枕强度要求和试验方法》
	02－06	安全带、儿童约束系统在车辆上安装的要求	GB 14166—2013（安全带安装及标识检查）	《机动车乘员用安全带、约束系统、儿童约束系统和ISOFIX儿童约束系统》
			GB 14166—2013（儿童约束系统安装检查）	《机动车乘员用安全带、约束系统、儿童约束系统和ISOFIX儿童约束系统》
			GB 14166—2013（安全带提醒装置）	《机动车乘员用安全带、约束系统、儿童约束系统和ISOFIX儿童约束系统》

续表

型式 试验项目	项目序号	检验项目	依据标准	标准名称
02 被动安全	02 - 07	安全带固定点（全在车身上）	GB 14167—2006	《汽车安全带安装固定点、ISOFIX 固定点系统及上拉带固定点》
		安全带固定点（有一个及以上固定点在座椅上）	GB 14167—2006	《汽车安全带安装固定点、ISOFIX 固定点系统及上拉带固定点》
		安全带固定点（全在车身上，座位/次）	GB 14167—2006	《汽车安全带安装固定点、ISOFIX 固定点系统及上拉带固定点》
		安全带固定点（有一个及以上固定点在座椅上，座位/次）	GB 14167—2006	《汽车安全带安装固定点、ISOFIX 固定点系统及上拉带固定点》
		ISOFIX 固定点系统及上拉带固定点（每车型共需进行 3 次，M1 类）	GB 14167—2006	《汽车安全带安装固定点、ISOFIX 固定点系统及上拉带固定点》
	02 - 08	乘用车外部凸出物（M1）	GB 11566—2009（有行李架）	《乘用车外部凸出物》
			GB 11566—2009（无行李架）	《乘用车外部凸出物》
		商用车驾驶室外部凸出物	GB 20182—2006	《商用车驾驶室外部凸出物》

续表

型式试验项目	项目序号	检验项目	依据标准	标准名称
02 被动安全	02－09	乘用车内部凸出物（每点7 000，M1）	GB 11552—2009	《乘用车内部凸出物》
		乘用车内部凸出物（动态，M1）	GB 11552—2009	《乘用车内部凸出物》
	02－10	护轮板（M1）	GB 7063—2011	《汽车护轮板》
	02－11	乘用车顶部抗压强度	GB 26134—2010	《乘用车顶部抗压强度》
	02－12	前后端防护装置（M1）	GB 17354—1998	《汽车前后端防护装置》
	02－13	防止转向机构对驾驶员伤害（M1类和总质量≤1 500kg的N1类）	GB 11557—2011（管柱移动量）	《防止汽车转向机构对驾驶员伤害的规定》
			GB 11557—2011（胸块撞击）	《防止汽车转向机构对驾驶员伤害的规定》
			GB 11557—2011（头型撞击）	《防止汽车转向机构对驾驶员伤害的规定》
	02－14	正面碰撞乘员保护（M1）	GB 11551—2014（2015年9月3日起）	《乘用车正面碰撞的乘员保护》
		正面碰撞乘员保护（总质量≤2 500kg的N1类汽车和多用途汽车）	GB 11551—2014（2016年9月3日起）	《乘用车正面碰撞的乘员保护》

续表

型式试验项目	项目序号	检验项目	依据标准	标准名称
02 被动安全	02－15	侧面碰撞乘员保护（M1、N1）	GB 20071—2006	《乘用车侧面碰撞乘员保护》
	02－16	后碰撞燃油系统安全（M1）	GB 20072—2006	《乘用车后碰撞燃油系统安全要求》
	02－17	客车上部结构强度（M2 类和 M3 类中的 B 级、Ⅱ级和Ⅲ级客车和专用校车的上部结构强度）	GB 17578—2013	《客车上部结构强度要求及试验方法》
	02－18	商用车驾驶室乘员保护	GB 26512—2011（试验 A（正撞））	《商用车驾驶室乘员保护》
			GB 26512—2011（试验 B（顶压））	《商用车驾驶室乘员保护》
			GB 26512—2011（试验 C（后尾））	《商用车驾驶室乘员保护》
	02－19	商用车前下部防护要求（N2、N3 类）	GB 26511—2011	《商用车前下部防护要求》
	02－20	侧面防护装置（N、O 类）	GB 11567. 1—2001	《汽车和挂车侧面防护要求》

续表

型式试验项目	项目序号	检验项目	依据标准	标准名称
02 被动安全	02－21	后下部防护装置（N、O类）	GB 11567.2—2001	《汽车和挂车后下部防护要求》
	02－22	风窗玻璃	GB 9656	《汽车安全玻璃》
	02－23	内饰材料燃烧特性	GB 8410	《汽车内饰材料的燃烧特性》
	02－24	燃油箱	GB 18296	《汽车燃油箱安全性能要求和试验方法》
	02－25	电动汽车特有项目	GB/T 18384.1—2001	《电动汽车安全要求第 1 部分：车载储能装置》
			GB/T 18384.2—2001	《电动汽车安全要求第 2 部分：功能安全和故障防护》
			GB/T 18384.3—2001	《电动汽车安全要求第 3 部分：人员触电防护》
			GB/T 18487.1—2001	《电动车辆传导充电系统一般要求》
			GB/T 18387—2008	《电动车辆的电磁场辐射强度的限值和测量方法宽带 9kHz～30MHz》
			QC/T 743—2006（≤20Ah）	《电动汽车用锂离子蓄电池》
			QC/T 743—2006（＞20Ah）	《电动汽车用锂离子蓄电池》
			QC/T 743—2006（＞150Ah）	《电动汽车用锂离子蓄电池》
			QC/T 744—2006（≤20Ah）	《电动汽车用金属氢化物镍蓄电池》

续表

型式试验项目	项目序号	检验项目	依据标准	标准名称
02 被动安全			QC/T 744—2006（>20Ah）	《电动汽车用金属氢化物镍蓄电池》
			QC/T 744—2006（>100Ah）	《电动汽车用金属氢化物镍蓄电池》
			GB/T 18332.1—2009（≤50Ah）	《电动道路车辆用铅酸蓄电池》
			GB/T 18332.1—2009（>50Ah）	《电动道路车辆用铅酸蓄电池》
			GB/Z 18333.2—2001（≤50Ah）	《电动道路车辆用锌空气蓄电池》
			GB/Z 18333.2—2001（>50Ah）	《电动道路车辆用锌空气蓄电池》
	02-26	混合动力电动汽车特有项目	GB/T 19751—2005	《混合动力电动汽车安全要求》
			GB/T 18387—2008	《电动车辆的电磁场辐射强度的限值和测量方法宽带 9kHz～30MHz》
			GB/T 18487.1—2001	《电动车辆传导充电系统一般要求》
			QC/T 743—2006（≤20Ah）	《电动汽车用锂离子蓄电池》

续表

型式试验项目	项目序号	检验项目	依据标准	标准名称
02 被动安全	02－26	混合动力电动汽车特有项目	QC/T 743—2006（>20Ah）	《电动汽车用锂离子蓄电池》
			QC/T 743—2006（>150Ah）	《电动汽车用锂离子蓄电池》
			QC/T 744—2006（≤20Ah）	《电动汽车用金属氢化物镍蓄电池》
			QC/T 744—2006（>20Ah）	《电动汽车用金属氢化物镍蓄电池》
			QC/T 744—2006（>100Ah）	《电动汽车用金属氢化物镍蓄电池》
			GB/Z 18333.2—2001（≤50Ah）	《电动道路车辆用锌空气蓄电池》
			GB/Z 18333.2—2001（>50Ah）	《电动道路车辆用锌空气蓄电池》
	02－27	燃料电池电动汽车特有项目	GB/T 24549—2009	《燃料电池电动汽车安全要求》
			GB/T 18387—2008	《电动车辆的电磁场辐射强度的限值和测量方法宽带 9kHz～30MHz》

续表

型式试验项目	项目序号	检验项目	依据标准	标准名称
03 环境保护与节能	03－01	总质量 GVM≤3 500kg 汽车的排放	GB 18352.3—2005（双怠速排放，Ⅱ型）	《轻型汽车污染物排放限值及测量方法（中国Ⅲ、Ⅳ阶段）》
			GB 18352.5—2013（双怠速排放，Ⅱ型）	《轻型汽车污染物排放限值及测量方法（中国第五阶段）》
			GB 18352.3—2005、GB 18352.5—2013（耐久性Ⅴ型，场地耐久 5 元/公里）	
			GB 18352.3—2005、GB 18352.5—2013（耐久性Ⅴ型，轮毂耐久 8 元/公里）	
			GB 18352.3—2005、GB 18352.5—2013（低温冷启动Ⅵ型）	
			GB 18352.3—2005（OBD，汽油）	
			GB 18352.5—2013（OBD，带 IUPR）	

续表

型式试验项目	项目序号	检验项目	依据标准	标准名称
03 环境保护与节能	03－01	总质量 GVM≤3 500kg 汽车的排放	GB 18352.5—2013（OBD，不带 IUPR）	
			GB 18352.5—2013（贵金属检测）	
			GB 18352.5—2013（碳罐初始工作能力）	
			GB 3847—2005（自由加速烟度，柴油）	《车用压燃式发动机和压燃式发动机汽车排气烟度排放限值及测试方法》
			GB 3847—2005（全负荷烟度，柴油）	《车用压燃式发动机和压燃式发动机汽车排气烟度排放限值及测试方法》
	03－02	总质量 GVM＞3 500kg 汽车的排放		
	03－02－01	装用点燃式发动机的汽车	GB 14762—2008（车用汽油机排气污染物）	《车用点燃式发动机及装用点燃式发动机汽车排气污染物排放限值及测量方法》
			GB 14762—2008（OBD）	《车用点燃式发动机及装用点燃式发动机汽车排气污染物排放限值及测量方法》
			GB 18285—2005（双怠速污染物）	《点燃式发动机汽车排气污染物排放限值及测量方法（双怠速法及简易工况法）》

续表

型式 试验项目	项目序号	检验项目	依据标准	标准名称
03 环境保护 与节能	03－02－01	装用点燃式发动机的汽车	GB 11340—2005 （曲轴箱排放物）	《装用点燃式发动机重型汽车曲轴箱污染物排放限值及测量方法》
			GB 14763—2005 （蒸发排放物）	《装用点燃式发动机重型汽车燃油蒸发污染物排放限值及测量方法（收集法）》
			GB 20890—2007 （污染物排放控制系统耐久性）	《重型汽车排气污染物排放控制系统耐久性要求及试验方法》
	03－02－02	装用压燃式发动机的汽车	GB 17691—2005	《车用压燃式、气体燃料点燃式发动机与汽车排气污染物排放限值及测量方法（中国Ⅲ、Ⅳ、Ⅴ阶段）》
			GB 3847—2005	《车用压燃式发动机和压燃式发动机汽车排气烟度排放限值及测试方法》
			HJ 437—2008	车载诊断（OBD）系统
			HJ 438—2008	污染物排放控制系统耐久性
	03－03	汽车用发动机净功率	GB/T 17692—1999	《汽车用发动机净功率测试方法》
	03－04	空调制冷剂	CNCA－C11－01:2014	
	03－05	无线电骚扰特性	GB 14023—2011	《车辆、船和内燃机无线电骚扰特性用于保护车外接收机的限值和测量方法》
	03－06	燃料消耗量		

续表

型式试验项目	项目序号	检验项目	依据标准	标准名称
03 环境保护与节能	03-06-01	乘用车燃料消耗量	GB/T 19233—2008（随整车排放做，汽油）	《轻型汽车燃料消耗量试验方法》
			GB/T 19233—2008（单做，汽油）	《轻型汽车燃料消耗量试验方法》
			GB/T 19233—2008（随整车排放做，柴油）	《轻型汽车燃料消耗量试验方法》
			GB/T 19233—2008（单做，柴油）	《轻型汽车燃料消耗量试验方法》
			GB/T 19753—2013（混合动力电动汽车）	《轻型混合动力电动汽车能量消耗量试验方法》
			GB 27999—2011（企业组合平均燃料消耗量）	《乘用车燃料消耗量评价方法及指标》
			GB 22757—2008（轻型汽车燃料消耗量标识）	《轻型汽车燃料消耗量标识》

续表

型式 试验项目	项目序号	检验项目	依据标准	标准名称
03 环境保护 与节能	03－06－02	轻型商用车燃料消耗量	GB/T 19233—2008 GB 20997—2007 （随整车排放做，汽油）	《轻型汽车燃料消耗量试验方法》《轻型商用车燃料消耗量限值》
			GB/T 19233—2008 GB 20997—2007 （单做，汽油）	
			GB/T 19233—2008 GB 20997—2007 （随整车排放做，柴油）	
			GB/T 19233—2008 GB 20997—2007 （单做，柴油）	
			GB/T 19753—2013 （混合动力电动汽车）	《轻型混合动力电动汽车能量消耗量试验方法》
			GB 22757—2008 （轻型汽车燃料消耗量标识）	《轻型汽车燃料消耗量标识》

续表

型式试验项目	项目序号	检验项目	依据标准	标准名称
03 环境保护与节能	03-06-03	重型商用汽车	GB/T 27840—2011	《重型商用车辆燃料消耗量测量方法》
			GB 30510—2014	《重型商用车辆燃料消耗量限值》
	03-07	可再利用率和可回收利用率	GB/T 19515—2004	《道路车辆可再利用性和可回收利用性计算方法》
	03-08	禁用物质	GB/T 30512—2014	《汽车禁用物质要求》
04 外部照明及光信号装置	04-01	照明及信号装置安装	GB 4785—2007	《汽车及挂车外部照明和信号装置的安装规定》
	04-02	前照灯光束照射位置及发光强度	GB 7258—2012	《机动车运行安全技术条件》
	04-03	前照灯配光性能	GB 4599	《汽车用灯丝灯泡前照灯》
			GB 21259	《汽车用气体放电光源前照灯》
			GB 25991	《机动车装用 LED 的前照灯》
			GB/T 30036	《汽车用自适应前照明系统》
	04-04	转向信号灯	GB 17509	《汽车和挂车转向信号灯配光性能》
	04-05	位置灯	GB 5920	《汽车及挂车前位灯、后位灯、示廓灯和制动灯配光性》
	04-06	示廓灯	GB 5920	《汽车及挂车前位灯、后位灯、示廓灯和制动灯配光性》
	04-07	制动灯	GB 5920	《汽车及挂车前位灯、后位灯、示廓灯和制动灯配光性》
	04-08	倒车灯	GB 15235	《汽车及挂车倒车灯配光性能》
	04-09	前雾灯	GB 4660	《汽车用灯丝灯泡前雾灯》

续表

型式试验项目	项目序号	检验项目	依据标准	标准名称
04 外部照明及光信号装置	04－10	后雾灯	GB 11554	《汽车及挂车后雾灯配光性能》
	04－11	侧标志灯	GB 18099	《汽车及挂车侧标志灯配光性能》
	04－12	后牌照灯	GB 18408	《汽车及挂车后牌照板照明装置配光性能》
	04－13	驻车灯	GB 18409	《汽车驻车灯配光性能》
	04－14	昼间行车灯	GB 23255	《汽车昼间行车灯配光性能》
	04－15	角灯	GB/T 30511	《汽车用角灯配光性能》
	04－16	回复反射器	GB 11564	《机动车回复反射器》
	04－17	车身反光标识	GB 7258—2012	《机动车运行安全技术条件》
			GB 23254—2009	《货车及挂车车身反光标识》
	04－18	车辆尾部标志板	GB 25990—2010（性能）	《车辆尾部标志板》
			GB 25990—2010（耐候）	《车辆尾部标志板》
			GB 25990—2010（装车）	《车辆尾部标志板》
	04－19	前照灯清洗器	GB 21260—2007	《汽车用前照灯清洗器》
05 噪声及底盘	05－01	汽车加速行驶车外噪声	GB 1495—2002	《汽车加速行驶车外噪声限值及测量方法》
	05－02	汽车定置噪声	GB/T 14365—1993	《声学机动车辆定置噪声测量方法》
	05－03	转向装置	GB 17675—1999	《汽车转向系基本要求》

续表

型式试验项目	项目序号	检验项目	依据标准	标准名称
05 噪声及底盘	05－04	制动系统		
	05－04－01	制动系统结构和性能	GB 12676—1999（N1）	《汽车制动系结构、性能和试验方法》
			GB 12676—2014（N1，2015 年 7 月 1 日起）	《汽车制动系结构、性能和试验方法》
			GB 12676—1999（M2、N2）	《汽车制动系结构、性能和试验方法》
			GB 12676—2014（M2、N2，2015 年 7 月 1 日起）	《汽车制动系结构、性能和试验方法》
			GB 12676—1999（M3）	《汽车制动系结构、性能和试验方法》
			GB 12676—2014（M3，2015 年 7 月 1 日起）	《汽车制动系结构、性能和试验方法》
			GB 12676—1999（N3）	《汽车制动系结构、性能和试验方法》
			GB 12676—2014（N3，2015 年 7 月 1 日起）	《汽车制动系结构、性能和试验方法》
			GB 12676—1999（O 类）	《汽车制动系结构、性能和试验方法》

续表

型式试验项目	项目序号	检验项目	依据标准	标准名称
05 噪声及底盘	05-04-01	制动系统结构和性能	GB 12676—2014（O类，2015年7月1日起）	《汽车制动系结构、性能和试验方法》
			GB 21670—2008（M1）	《乘用车制动系统技术要求及试验方法》
			GB 21670—2008（乘用车）附录D	《乘用车制动系统技术要求及试验方法》
	05-04-02	防抱死制动系统（ABS）性能	GB 21670—2008（M1）	《乘用车制动系统技术要求及试验方法》
			GB/T 13594—2003（M2、M3、N1、N2、N3）	《机动车和挂车防抱制动性能和试验方法》
			GB/T 13594—2003（挂车）	《机动车和挂车防抱制动性能和试验方法》
06 专用汽车的专用装置和功能（起重举升类汽车、罐式汽车、专用自卸汽车、特种结构汽车）	06-01	质量参数	GB 7258—2012	《机动车运行安全技术条件》
	06-02	上装电气系统	JB 8716—1998（汽车起重机）	《汽车起重机和轮胎起重机安全规程》
			JG 5099—1998（高空作业车）	《高空作业机械安全规则》
			CNCA-C11-01：2014（混凝土泵车）	

续表

型式试验项目	项目序号	检验项目	依据标准	标准名称
06 专用汽车的专用装置和功能（起重举升类汽车、罐式汽车、专用自卸汽车、特种结构汽车）	06 – 03	危险标志	CNCA – C11 – 01：2014（运输危险化学品的罐式车辆）	
			GB 7258—2012（运送危险货物）	《机动车运行安全技术条件》
			GB 15052—2010（起重举升类汽车、混凝土泵车）	《起重机械危险部位与标志》
	06 – 04	罐体及管路	CNCA – C11 – 01:2014	
			GB 18564.1—2006 道路运输液体危险货物罐式车辆	
			QC/T 932—2012 紧急切断装置	
	06 – 05	导静电装置	GB 7258—2012	《机动车运行安全技术条件》
			JT 230—1995	《汽车导静电橡胶拖地带》
	06 – 06	消防装置检查	GB 7258—2012	《机动车运行安全技术条件》
	06 – 07	作业噪声	CNCA – C11 – 01：2014（罐式车辆）	

续表

型式试验项目	项目序号	检验项目	依据标准	标准名称
06 专用汽车的专用装置和功能（起重举升类汽车、罐式汽车、专用自卸汽车、特种结构汽车）	06－07	作业噪声	GB 20062—2006（汽车起重机和随车起重运输车）	《流动式起重机作业噪声限值及测量方法》
			GB/T 26408—2011（混凝土搅拌运输车）	《混凝土搅拌运输车》
			QC/T 718—2013（混凝土泵车）	《混凝土泵车》
	06－08	安全防护装置	JB 8716—1998（汽车起重机、全地面起重机）	《汽车起重机和轮胎起重机安全规程》
			GB 12602—1990（汽车起重机、全地面起重机）	《起重机械超载保护装置安全技术规范》
			JG 5099—1998（高空作业车）	《高空作业机械安全规则》
			CNCA－C11－01:2014	
	06－09	操作系统	JB 8716—1998（汽车起重机和随车起重运输车）	《汽车起重机和轮胎起重机安全规程》
			JG 5099—1998（高空作业车）	《高空作业机械安全规则》

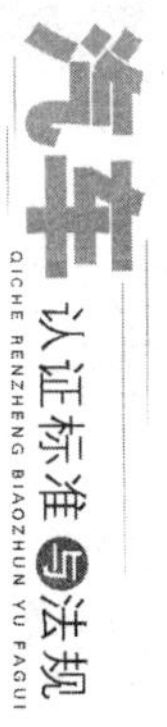

续表

型式试验项目	项目序号	检验项目	依据标准	标准名称
06 专用汽车的专用装置和功能（起重举升类汽车、罐式汽车、专用自卸汽车、特种结构汽车）	06－09	操作系统	CNCA－C11－01:2014（混凝土搅拌运输车、压缩式垃圾车）	
	06－10	整车稳定性	JB 8716—1998（汽车起重机和随车起重运输车）	《汽车起重机和轮胎起重机安全规程》
			JG 5099—1998（高空作业车）	《高空作业机械安全规则》
			CNCA－C11－01:2014	
	06－11	液压系统	JB 8716—1998（汽车起重机、全地面起重机）	《汽车起重机和轮胎起重机安全规程》
			JG 5099—1998（高空作业车）	《高空作业机械安全规则》
			CNCA－C11－01:2014	
	06－12	吊钩	JB 8716—1998（汽车起重机、全地面起重机）	《汽车起重机和轮胎起重机安全规程》
	06－13	钢丝绳	JB 8716—1998（汽车起重机、全地面起重机）	《汽车起重机和轮胎起重机安全规程》

续表

型式试验项目	项目序号	检验项目	依据标准	标准名称
06 专用汽车的专用装置和功能（起重举升类汽车、罐式汽车、专用自卸汽车、特种结构汽车）	06－13	钢丝绳	JG 5099—1998（高空作业车）	《高空作业机械安全规则》
			CNCA－C11－01:2014	
	06－14	上车制动器	CNCA－C11－01:2014	
	06－15	起升、变幅、伸缩、回转机构	JB 8716—1998（汽车起重机、全地面起重机）	《汽车起重机和轮胎起重机安全规程》
			CNCA－C11－01:2014	
	06－16	压力表	CNCA－C11－01:2014	
	06－17	结构强度	JG 5099—1998（高空作业车）	《高空作业机械安全规则》
			CNCA－C11－01:2014	
	06－18	上车操纵室	JB 8716—1998（汽车起重机、全地面起重机）	《汽车起重机和轮胎起重机安全规程》
	06－19	上车排放（上车发动机自由加速烟度）	GB 20891—2007	《非道路移动机械用柴油机排气污染物排放限值及测量方法》
		上车排放（吸尘系统出口排放平均含尘浓度）	CNCA－C11－01:2014	
	06－20	上车液压软管	JG 5099—1998（高空作业车）	《高空作业机械安全规则》
			JG 5099—1998（破裂强度）	《高空作业机械安全规则》

3.4 《机动车强制性产品认证（3C认证）》执行的技术法规、规范性文件

《3C认证》执行的技术法规、规范性文件泛指认监委、CQC、CCAP等机构发布的相关法规文件，各汽车生产企业应按要求执行。主要有以下几种：

（1）《企业分类管理、认证模式选择确定》（CNCA－00C－003）；

（2）《企业检测资源及其他认证结果的利用》（CNCA－00C－004）；

（3）《工厂质量保证能力要求》（CNCA－00C－005）；

（4）《工厂检查通用要求》（CNCA－00C－006）；

（5）《信息报送、传递和公开》（CNCA－00C－007）；

（6）《强制性产品认证实施规则（汽车）》（CNCA－C11－01：2014）；

（7）《强制性产品认证实施细则（汽车）》（CQC－C1101－2014）；

（8）《国家认监委关于发布工厂质量保证能力要求等强制性产品认证实施规则的公告》（国家认监委2014年第1号公告）；

（9）《关于对商用车产品实施强制性认证有关问题的公告》；

（10）《关于强制性产品认证证书有效期的公告》（国家认监委2009年第42号公告）；

（11）《国家认监委关于加强机动车环保产品一致性检查有关工作的通知》。

以上规范性文件，随着文件的新增和调整，也应做相应更新。

3.5 《机动车强制性产品认证（3C认证）》申报流程

3.5.1 《3C认证》申报流程中涉及的机构

《3C认证》申报流程中涉及的机构主要有汽车生产企业（委托机构）、认证机构（以CQC为例）、检测机构，各机构各自按要求进行。以CQC为例，其申报流程见图3－1。

3.5.2 汽车生产企业申报流程

（1）汽车生产企业登录CQC网站（http://www.cqc.com.cn）进行注册，按要求提供相关资料，如营业执照、组织机构代码证等。获得CQC登录申报用户名、密码。

（2）在CQC网站填写申请书（包括新申请、变更申请）。

注意：利用电子签章申请书，可以替代纸质申请书，减少邮寄环节。生产企业可以向CQC（北京中认环宇信息安全技术有限公司）购买U－KEY。

（3）安装USB－KEY驱动程序（请确认安装时，不要插入USB－KEY）。

（4）安装好后，插入USB－KEY，修改USB－KEY密码，PIN码初始为cqcca。

（5）安装客户端软件（离线申报用）。

（6）下载客户端授权文件（插入USB－KEY，登录服务端：http://tec.cqccms.com.cn，打开管理系统，下载授权文件，导出授权文件，保存在桌面上）。

（7）进入客户端软件，导入客户端授权文件（插入USB－KEY，点击客户端软件，导入授权文件，以后再次打开客户端时，则不需要重复导入）。

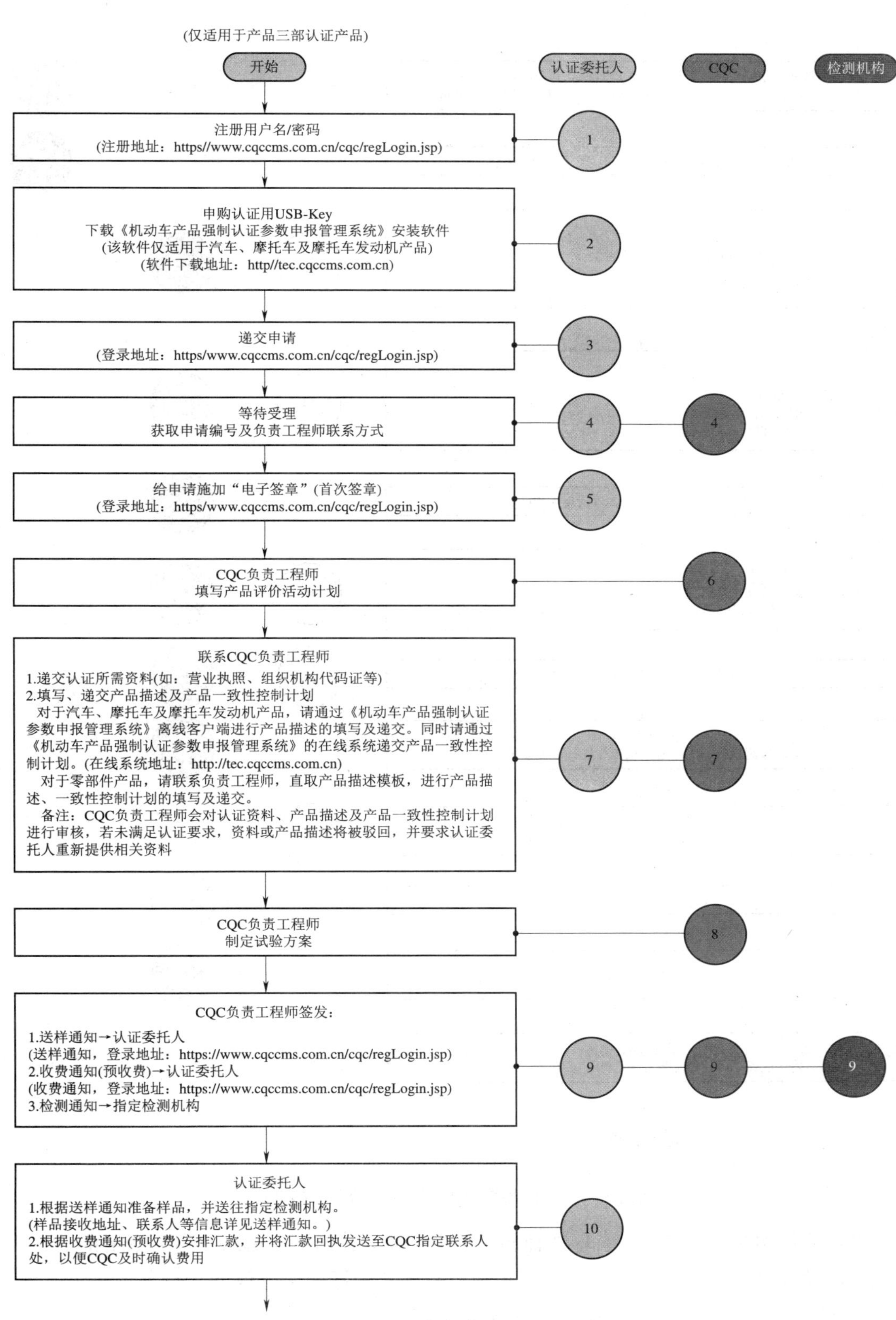

图 3－1　机动车类产品认证流程

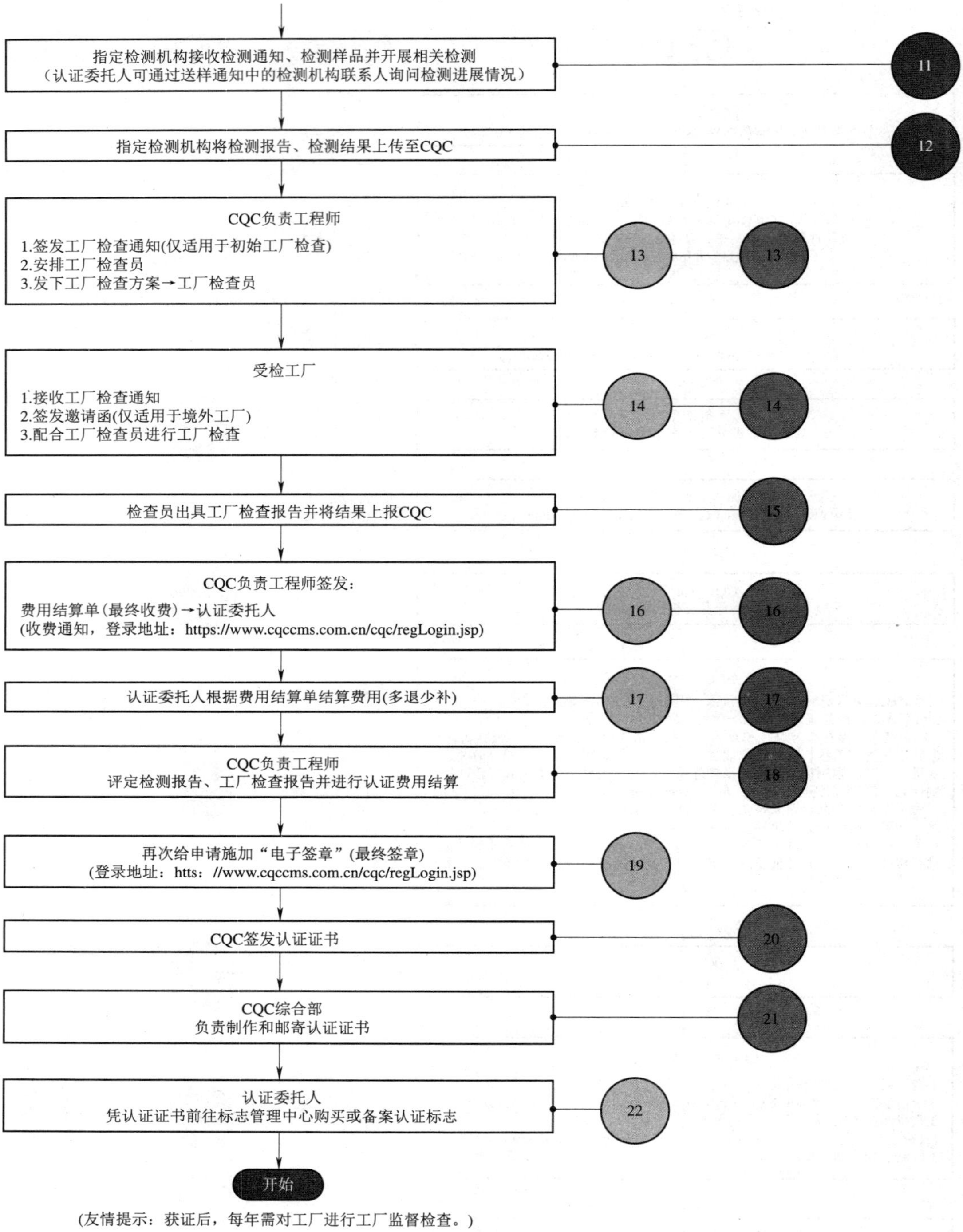

图 3－1　机动车类产品认证流程（续）

（8）选择相应的数字证书，即选择相应的生产地址，确定，输入 USB－KEY 的 PIN 码。

（9）经过以上（3）~（8）的步骤，就可以在客户端软件中申报“结构及技术参数表”，按每车型进行申报，申报完提交至服务器端。

（10）在服务端申报的内容：

① 一致性证书样式备案；

② 生产一致性控制计划；

③ 生产一致性控制计划执行报告；

④ 每车型一致性证书样式。

（11）在服务器端进行 VIN 申报、COC 证书打印。

（12）企业刻录每车型检测报告光盘，发给 CQC 受理工程师。

注意：要先从 CQC 受理工程师处索取方案表格式（一般按每单元填写），填写完成后交受理工程师审核，必要时由检测机构确认。如按正常流程走，先提交方案，再检测。

（13）交费发证。

1. 简述《3C 认证》的主要作用。
2. 简述《3C 认证》的申报流程。
3. 《3C 认证》有哪些强制性检验标准？
4. 目前国内有哪些汽车产品认证机构？
5. 《3C 认证》与《公告》强制性检验标准有哪些区别？
6. 简述车型系列、单元、车型、一致性证书、3C 证书、3C 标志的含义。
7. 何为生产一致性控制计划、生产一致性控制计划的执行报告？

第四章 《国家环保达标车型型式核准》管理

4.1 《国家环保达标车型型式核准》管理的主要作用

《国家环保达标车型型式核准》，以下简称《环保目录》，归口国家环境保护部，由汽车生产企业对其研发的产品向机动车排污监控中心申报办公室申请，在机动车环保网（网址：http：//www.vecc－mep.org.cn/index.jsp）中进行申报，并填写环保生产一致性保证计划书、附录A、申报表、申报函、环保生产一致性保证季度报告、年度报告、在用车符合性报告、报送VIN等资料，委托国家级检测机构对排放、耐久、OBD、催化转化器、颗粒捕集器、贵金属含量、机动车加速行驶车外噪声等进行强制性检验，检验合格，由环保部颁发“型式核准证书”，才能出厂销售。见图4－1。

在新车销售上牌时，需对环保达标车型情况进行核对，只有登录环保达标车型目录，查询是否为达标车型，见图4－2，才能颁发环保合格标志，见图4－3，才能上牌。

型式核准证书

型式核准号：CN ZC G3 Z2 09620031

云南力帆骏马车辆有限公司 LFJ3053G1 车型排放达到 GB 17691-2005《车用压燃式、气体燃料点燃式发动机与汽车排气污染物排放限值及测量方法（中国Ⅲ、Ⅳ、Ⅴ阶段）》Ⅲ阶段、GB 3847-2005《车用压燃式发动机和压燃式发动机汽车排气烟度排放限值及测量方法》和 GB 1495-2002《汽车加速行驶车外噪声限值及测量方法》Ⅱ阶段型式核准的要求，现予以型式核准批准。

第一部分 车辆基本信息

1.型式名称：LFJ3053G1自卸汽车

图4－1 型式核准证书

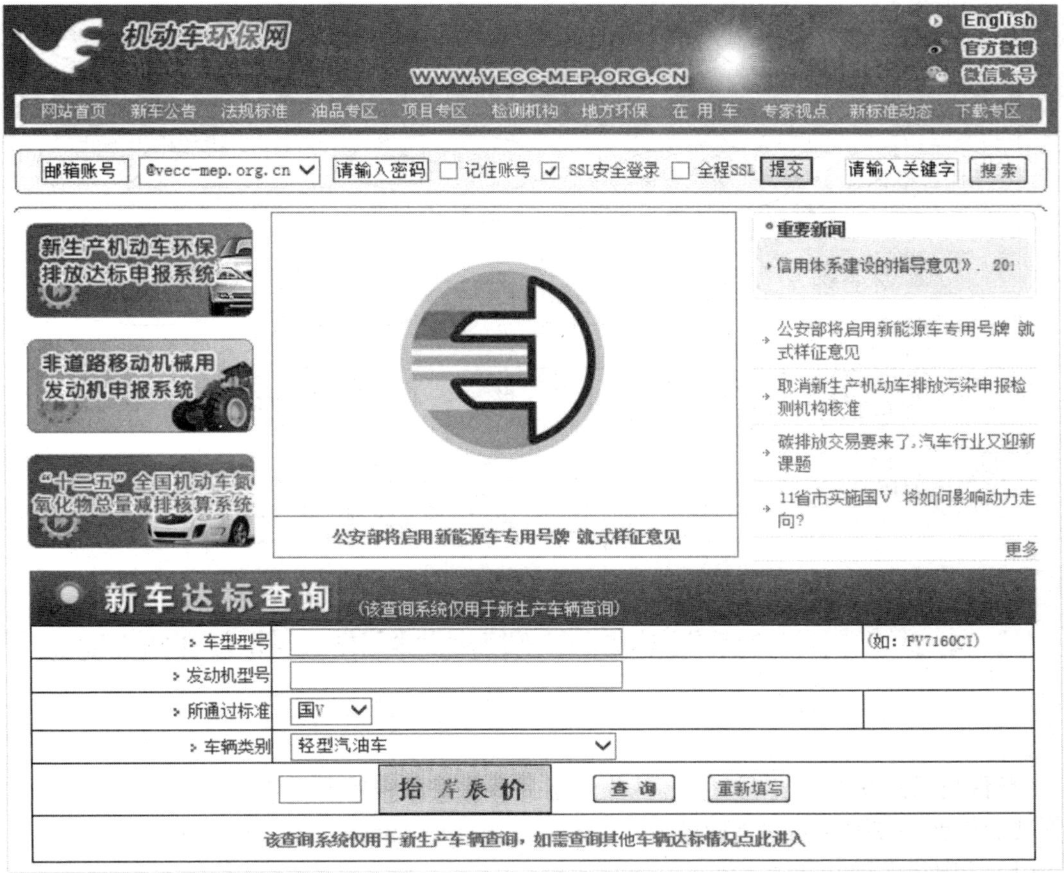

机动车环保网

WWW.VECC-MEP.ORG.CN

English 官方微博 微信账号

网站首页 新车公告 法规标准 油品专区 项目专区 检测机构 地方环保 在用车 专家视点 新标准动态 下载专区

邮箱账号 @vecc-mep.org.cn 请输入密码 记住账号 SSL安全登录 全程SSL 提交 请输入关键字 搜索

新生产机动车环保排放达标申报系统

非道路移动机械用发动机申报系统

"十二五"全国机动车氮氧化物总量减排核算系统

公安部将启用新能源车专用号牌 就式样征意见

重要新闻

信用体系建设的指导意见》. 201

公安部将启用新能源车专用号牌 就式样征意见

取消新生产机动车排放污染申报检测机构核准

碳排放交易要来了，汽车行业又迎新课题

11省市实施国V 将如何影响动力走向?

更多

新车达标查询 (该查询系统仅用于新生产车辆查询)

车型型号		(如：FV7160CI)
发动机型号		
所通过标准	国V	
车辆类别	轻型汽油车	
	抬 岸 辰 价　查询　重新填写	

该查询系统仅用于新生产车辆查询，如需查询其他车辆达标情况点此进入

图 4－2　新车达标查询

图 4－3　环保检验合格标志

环保目录涉及的机动车排放强制性检验标准对样车的型式核准、企业生产一致性核查、新生产车辆、在用汽车均有排放污染物限值及检验要求。

目前，环保部已形成具有信息联网的较为完善的环保管理体系，见图 4－4。

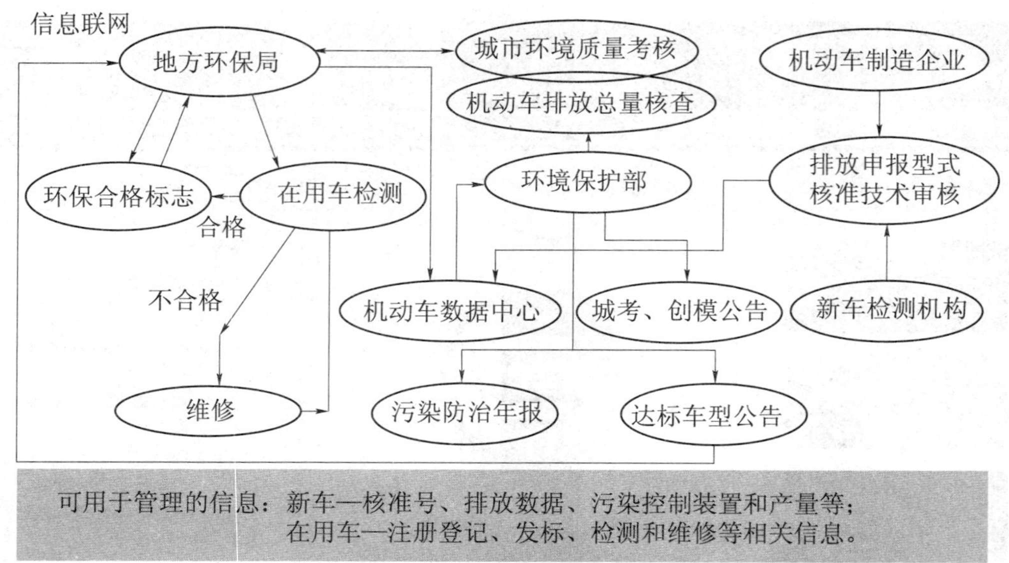

图 4－4 信息联网的环保管理体系

4.2 《国家环保达标车型型式标准》执行的宏观政策、法规

《环保目录》执行的宏观政策、法规泛指《环保目录》管理的依据，是政府行使职能行业管理的依据，主要包括以下两种：

（1）《中华人民共和国大气污染防治法》。

（2）《国务院关于印发大气污染防治行动计划的通知》。

4.3 《国家环保达标车型型式标准》执行的强制性检验标准

国家环保部对汽车型式核准、生产一致性核查、在用车符合性核查检验，按照不同类型的车型，所执行的强制性检验标准不同，下面按不同车型分列不同的依据标准，此标准即强制性检验标准。

4.3.1 轻型汽油车

轻型汽油车环保依据标准见表 4－1。

表 4－1 轻型汽油车环保依据标准

1	轻型汽车排放污染物（Ⅰ型试验－常温冷启动）	GB 18352.3—2005	轻型汽车污染物排放限值及测量方法（中国Ⅲ、Ⅳ阶段）
		GB 18352.5—2013	轻型汽车污染物排放限值及测量方法（中国第五阶段）

续表

2	怠速排放（Ⅱ型试验）	GB 18352.3—2005	轻型汽车污染物排放限值及测量方法（中国Ⅲ、Ⅳ阶段）
		GB 18352.5—2013	轻型汽车污染物排放限值及测量方法（中国第五阶段）
		GB 18285—2005	点燃式发动机汽车排气污染物排放限值及测量方法（双怠速法及简易工况法）
3	曲轴箱排放物（Ⅲ型试验）	GB 18352.3—2005	轻型汽车污染物排放限值及测量方法（中国Ⅲ、Ⅳ阶段）
		GB 18352.5—2013	轻型汽车污染物排放限值及测量方法（中国第五阶段）
4	蒸发排放物（Ⅳ型试验）	GB 18352.3—2005	轻型汽车污染物排放限值及测量方法（中国Ⅲ、Ⅳ阶段）
		GB 18352.5—2013	轻型汽车污染物排放限值及测量方法（中国第五阶段）
5	轻型汽车污染控制装置耐久性（Ⅴ型试验）	GB 18352.3—2005	轻型汽车污染物排放限值及测量方法（中国Ⅲ、Ⅳ阶段）
		GB 18352.5—2013	轻型汽车污染物排放限值及测量方法（中国第五阶段）
6	低温冷起动排放（Ⅵ型试验）	GB 18352.3—2005	轻型汽车污染物排放限值及测量方法（中国Ⅲ、Ⅳ阶段）
		GB 18352.5—2013	轻型汽车污染物排放限值及测量方法（中国第五阶段）
7	轻型汽车车载诊断（OBD）系统	GB 18352.3—2005	轻型汽车污染物排放限值及测量方法（中国Ⅲ、Ⅳ阶段）
		GB 18352.5—2013	轻型汽车污染物排放限值及测量方法（中国第五阶段）
8	加速行驶车外噪声	GB 1495—2002	汽车加速行驶车外噪声限值及测量方法

续表

9	贵金属含量检测	GB 18352.5—2013	轻型汽车污染物排放限值及测量方法（中国第五阶段）
		HJ 509—2009	车用陶瓷催化转化器中铂、钯、铑的测定方法
10	乘用车燃油消耗量	GB 19578—2004	乘用车燃料消耗量限值
		GB/T 19233—2008	轻型汽车燃料消耗量试验方法

4.3.2 轻型两用燃料车

轻型两用燃料车环保依据标准见表4－2。（除了Ⅰ型试验和双怠速试验两种燃料都要求分别试验外，其余试验只试验汽油）

表4－2 轻型两用燃料车环保依据标准

1	轻型汽车排放污染物（Ⅰ型试验－常温冷启动）	GB 18352.3—2005	轻型汽车污染物排放限值及测量方法（中国Ⅲ、Ⅳ阶段）
		GB 18352.5—2013	轻型汽车污染物排放限值及测量方法（中国第五阶段）
2	怠速排放（Ⅱ型试验）	GB 18352.3—2005	轻型汽车污染物排放限值及测量方法（中国Ⅲ、Ⅳ阶段）
		GB 18352.5—2013	轻型汽车污染物排放限值及测量方法（中国第五阶段）
		GB 18285—2005	点燃式发动机汽车排气污染物排放限值及测量方法（双怠速法及简易工况法）
3	曲轴箱排放物（Ⅲ型试验）	GB 18352.3—2005	轻型汽车污染物排放限值及测量方法（中国Ⅲ、Ⅳ阶段）
		GB 18352.5—2013	轻型汽车污染物排放限值及测量方法（中国第五阶段）

续表

4	蒸发排放物（Ⅳ型试验）	GB 18352.3—2005	轻型汽车污染物排放限值及测量方法（中国Ⅲ、Ⅳ阶段）
		GB 18352.5—2013	轻型汽车污染物排放限值及测量方法（中国第五阶段）
5	轻型汽车污染控制装置耐久性（Ⅴ型试验）	GB 18352.3—2005	轻型汽车污染物排放限值及测量方法（中国Ⅲ、Ⅳ阶段）
		GB 18352.5—2013	轻型汽车污染物排放限值及测量方法（中国第五阶段）
6	低温冷起动排放（Ⅵ型试验）	GB 18352.3—2005	轻型汽车污染物排放限值及测量方法（中国Ⅲ、Ⅳ阶段）
		GB 18352.5—2013	轻型汽车污染物排放限值及测量方法（中国第五阶段）
7	轻型汽车车载诊断（OBD）系统	GB 18352.3—2005	轻型汽车污染物排放限值及测量方法（中国Ⅲ、Ⅳ阶段）
		GB 18352.5—2013	轻型汽车污染物排放限值及测量方法（中国第五阶段）
9	加速行驶车外噪声	GB 1495—2002	汽车加速行驶车外噪声限值及测量方法
10	贵金属含量检测	GB 18352.5—2013	轻型汽车污染物排放限值及测量方法（中国第五阶段）
		HJ 509—2009	车用陶瓷催化转化器中铂、钯、铑的测定方法
11	乘用车燃油消耗量	GB 19578—2004	乘用车燃料消耗量限值
		GB/T 19233—2008	轻型汽车燃料消耗量试验方法

4.3.3 轻型单一气体燃料车

轻型单一气体燃料车环保依据标准见表4－3。

表4－3 轻型单一气体燃料车环保依据标准

1	轻型汽车排放污染物（Ⅰ型试验－常温冷启动）	GB 18352.3—2005	轻型汽车污染物排放限值及测量方法（中国Ⅲ、Ⅳ阶段）
		GB 18352.5—2013	轻型汽车污染物排放限值及测量方法（中国第五阶段）
2	怠速排放（Ⅱ型试验）	GB 18352.3—2005	轻型汽车污染物排放限值及测量方法（中国Ⅲ、Ⅳ阶段）
		GB 18352.5—2013	轻型汽车污染物排放限值及测量方法（中国第五阶段）
		GB 18285—2005	点燃式发动机汽车排气污染物排放限值及测量方法（双怠速法及简易工况法）
3	曲轴箱排放物（Ⅲ型试验）	GB 18352.3—2005	轻型汽车污染物排放限值及测量方法（中国Ⅲ、Ⅳ阶段）
		GB 18352.5—2013	轻型汽车污染物排放限值及测量方法（中国第五阶段）
4	轻型汽车污染控制装置耐久性（Ⅴ型试验）	GB 18352.3—2005	轻型汽车污染物排放限值及测量方法（中国Ⅲ、Ⅳ阶段）
		GB 18352.5—2013	轻型汽车污染物排放限值及测量方法（中国第五阶段）
5	轻型汽车车载诊断（OBD）系统	GB 18352.3—2005	轻型汽车污染物排放限值及测量方法（中国Ⅲ、Ⅳ阶段）
		GB 18352.5—2013	轻型汽车污染物排放限值及测量方法（中国第五阶段）
6	加速行驶车外噪声	GB 1495—2002	汽车加速行驶车外噪声限值及测量方法

4.3.4 轻型柴油车

轻型柴油车环保依据标准见表 4－4。

表 4－4 轻型柴油车环保依据标准

1	轻型汽车排放污染物（Ⅰ型试验－常温冷启动）	GB 18352.3—2005	轻型汽车污染物排放限值及测量方法（中国Ⅲ、Ⅳ阶段）
		GB 18352.5—2013	轻型汽车污染物排放限值及测量方法（中国第五阶段）
2	轻型汽车污染控制装置耐久性（Ⅴ型试验）	GB 18352.3—2005	轻型汽车污染物排放限值及测量方法（中国Ⅲ、Ⅳ阶段）
		GB 18352.5—2013	轻型汽车污染物排放限值及测量方法（中国第五阶段）
3	轻型汽车车载诊断（OBD）系统	GB 18352.3—2005	轻型汽车污染物排放限值及测量方法（中国Ⅲ、Ⅳ阶段）
		GB 18352.5—2013	轻型汽车污染物排放限值及测量方法（中国第五阶段）
4	压燃式汽车的自由加速烟度	GB 3847—2005	车用压燃式发动机和压燃式发动机汽车排气烟度排放限值及测量方法
		GB 18352.5—2013	轻型汽车污染物排放限值及测量方法（中国第五阶段）
5	加速行驶车外噪声	GB 1495—2002	汽车加速行驶车外噪声限值及测量方法
6	轻型商用车燃油消耗量	GB 20997—2007	轻型商用车燃料消耗量限值
		GB/T 19233—2008	轻型汽车燃料消耗量试验方法

4.3.5 重型汽油车

重型汽油车环保依据标准见表4－5。

表4－5 重型汽油车环保依据标准

序号	检验项目	依据标准	标准名称
1	车用汽油机排气污染物	GB 14762—2008	重型车用汽油发动机与汽车排气污染物排放限值及测量方法（中国Ⅲ、Ⅳ阶段）
2	怠速排放	GB 18285—2005	点燃式发动机汽车排气污染物排放限值及测量方法（双怠速法及简易工况法）
3	曲轴箱排放物	GB 11340—2005	装用点燃式发动机重型汽车曲轴箱污染物排放限值及测量方法
4	蒸发排放物	GB 14763—2005	装用点燃式发动机重型汽车燃油蒸发污染物排放限值及测量方法（收集法）
5	重型汽油车污染控制装置耐久性	GB 14762—2008	重型车用汽油发动机与汽车排气污染物排放限值及测量方法（中国Ⅲ、Ⅳ阶段）
6	重型汽车污染控制装置耐久性	GB 20890—2007	重型汽车排气污染物排放控制系统耐久性要求及试验方法
7	重型汽油车车载诊断（OBD）系统	GB 14762—2008	重型车用汽油发动机与汽车排气污染物排放限值及测量方法（中国Ⅲ、Ⅳ阶段）
8	加速行驶车外噪声	GB 1495—2002	汽车加速行驶车外噪声限值及测量方法

4.3.6 重型柴油车

重型柴油车环保依据标准见表4－6。

表4－6 重型柴油车环保依据标准

序号	检验项目	依据标准	标准名称
1	压燃式发动机和装用压燃式发动机的车辆排气污染物	GB 17691—2005	车用压燃式、气体燃料点燃式发动机与汽车排气污染物排放限值及测量方法（中国Ⅲ、Ⅳ、Ⅴ阶段）
2	重型汽车污染控制装置耐久性	GB 17691—2005	车用压燃式、气体燃料点燃式发动机与汽车排气污染物排放限值及测量方法（中国Ⅲ、Ⅳ、Ⅴ阶段）
3	重型汽车车载诊断（OBD）系统	GB 17691—2005	车用压燃式、气体燃料点燃式发动机与汽车排气污染物排放限值及测量方法（中国Ⅲ、Ⅳ、Ⅴ阶段）
4	压燃式发动机和装用压燃式发动机的车辆排气可见污染物	GB 3847—2005	车用压燃式发动机和压燃式发动机汽车排气烟度排放限值及测量方法
5	加速行驶车外噪声	GB 1495—2002	汽车加速行驶车外噪声限值及测量方法

4.3.7 重型气体燃料车

重型气体燃料车环保依据标准见表4－7。

表4－7 重型气体燃料车环保依据标准

序号	检验项目	依据标准	标准名称
1	压燃式发动机和装用压燃式发动机的车辆排气污染物	GB 17691—2005	车用压燃式、气体燃料点燃式发动机与汽车排气污染物排放限值及测量方法（中国Ⅲ、Ⅳ、Ⅴ阶段）
2	怠速排放	GB 18285—2005	点燃式发动机汽车排气污染物排放限值及测量方法（双怠速法及简易工况法）

续表

序号	检验项目	依据标准	标准名称
3	曲轴箱排放物	GB 11340—2005	装用点燃式发动机重型汽车曲轴箱污染物排放限值及测量方法
4	重型汽车污染控制装置耐久性	GB 17691—2005	车用压燃式、气体燃料点燃式发动机与汽车排气污染物排放限值及测量方法（中国Ⅲ、Ⅳ、Ⅴ阶段）
5	重型汽车车载诊断（OBD）系统	GB 17691—2005	车用压燃式、气体燃料点燃式发动机与汽车排气污染物排放限值及测量方法（中国Ⅲ、Ⅳ、Ⅴ阶段）
6	加速行驶车外噪声	GB 1495—2002	汽车加速行驶车外噪声限值及测量方法

4.3.8　三轮汽车、低速货车

三轮汽车、低速货车环保依据标准见表 4－8。

表 4－8　三轮汽车、低速货车环保依据标准

序号	检验项目	依据标准	标准名称
1	发动机排气污染物	GB 19756—2005	三轮汽车和低速货车用柴油机排气污染物排放限值及测量方法（中国Ⅱ、Ⅱ阶段）
2	自由加速烟度	GB 18322—2002	农用运输车自由加速烟度排放限值及测量方法
3	燃油消耗量	GB 21377—2015	三轮汽车　燃料消耗量限值及测量方法
		GB 21378—2015	低速货车　燃料消耗量限值及测量方法
4	加速行驶车外噪声	GB 19757—2005	三轮汽车和低速货车加速行驶车外噪声限值及测量方法（中国Ⅰ、Ⅱ阶段）

需要说明的是，国家环保部对汽车环保的管理涉及以上多个标准，其中多个标准均涉及生产企业在新车型型式核准、生产一致性核查、新生产车、在用车符合性的检验内容。但对于在用车尾气排放定期年检范畴所采纳的标准，目前以 GB 3847—2005《车用压燃式发动机和压燃式发动机汽车排气烟度排放限值及测量方法》、GB 18285—2005《点燃式发动机汽车排气污染物排放限值及测量方法（双怠速法及简易工况法）》、GB 18322—2002《农用运输车自由加速烟度排放限值及测量方法》为主。

4.4 《国家环保达标车型型式核准》执行的技术法规、规范性文件

《国家环保达标车型型式核准》执行的技术法规、规范性文件泛指环保部、机动车排污监控中心发布的相关法规文件，各汽车生产企业应按要求执行。主要有以下几种：

（1）《关于实施国家第四阶段车用压燃式发动机与汽车污染物排放标准的公告》（公告〔2011〕92 号）。

（2）《关于进一步加强环保耐久性监督试验及确认试验要求的通知》（车控函〔2014〕8 号）。

（3）《关于实施第五阶段轻型车污染物排放标准车载诊断系统有关要求的公告》（公告〔2014〕93 号）。

（4）《关于开展机动车环保生产一致性检查工作的通知》（环办函〔2014〕343 号）。

（5）《关于加强新车生产企业检测实验室管理工作的通知》（车控函〔2015〕07 号）。

（6）《关于进一步规范排放检验加强机动车环境监督管理工作的通知》（国环规大气〔2016〕2 号）。

（7）《关于开展机动车和非道路移动机械环保信息公开工作的公告》（国环规大气〔2016〕3 号）。

以上技术法规、规范性文件，随着文件的新增、调整，也应做相应更新。

4.5 《国家环保达标车型型式核准》申报流程

4.5.1 申报流程

《环保目录》申报，首先，需要企业开通网络申报权限，向机动车排污监控中心申报办公室提交申请资料，见表 4－9。其次，企业申报人员还需参加排污监控中心组织的申报考试，考试合格，颁发申报资格证，才能正常申报。申报工作在机动车环保网（http：//www.vecc－mep.org.cn/index.jsp）上进行。

表 4－9　生产企业申报申请表

<table>
<tr><td>生产厂家名称</td><td colspan="3"></td></tr>
<tr><td>生产厂家地址</td><td colspan="3"></td></tr>
<tr><td>申报企业名称</td><td colspan="3"></td></tr>
<tr><td>申报企业地址</td><td colspan="3"></td></tr>
<tr><td>企业机构代码</td><td colspan="3"></td></tr>
<tr><td>地址</td><td colspan="3"></td></tr>
<tr><td>省份</td><td colspan="3"></td></tr>
<tr><td>邮编</td><td></td><td>E－mail</td><td></td></tr>
<tr><td>电话</td><td></td><td>传真</td><td></td></tr>
<tr><td>申报负责人</td><td></td><td>联系人</td><td></td></tr>
<tr><td>法定代表人</td><td colspan="3"></td></tr>
<tr><td>企业类别</td><td colspan="3">□整车　□改装厂　□摩托　□农用车</td></tr>
<tr><td>申报类别</td><td colspan="3">□轻型汽油车　□轻型柴油车　□重型柴油车　□重型柴油机
□重型汽油车　□重型汽油机　□摩托车　□农用车
□燃气机　□燃气车</td></tr>
<tr><td rowspan="2">网络维护费</td><td colspan="3">□5 000 元</td></tr>
<tr><td colspan="3">注：农用运输车网络维护费　□2 000 元</td></tr>
<tr><td colspan="4">200　年　月　日（公章）</td></tr>
<tr><td>备注</td><td colspan="3"></td></tr>
</table>

一、申报审核发布程序

一般是按照企业申报——技术审核——车型型式核准证书核对稿——颁发型式核准证书——批准发布环境保护《公告》这样的流程来进行。

二、申报资料

包括环保生产一致性保证计划书、附录 A、相关车型的技术资料、申报表、申报函、检验（视同检验）报告、环保生产一致性季度报告、年度报告、在用车符合性报告、VIN 报告等。

每月发布两批公告，企业只要在每月的 2 日、17 日前完成提交申报表、申报函，就能赶上每月的 10 日、25 日发布的审核后的核对稿，由各生产企业进行核对，并限期（具体日期见核对稿）反馈，未反馈意见，视为无修改意见。

通过技术审核的车型，由国家环境保护部批准，每月颁发两批型式核准证书，并同时更新《公告》数据库。按月发布《国家环保车型型式核准公告》，同时在国家环境保护部网站和国家环境保护部机动车排污监控中心（机动车环保网）网上公布。机动车环保网址是 http：//www. vecc – mep. org. cn，具体申报流程见图 4 –5。

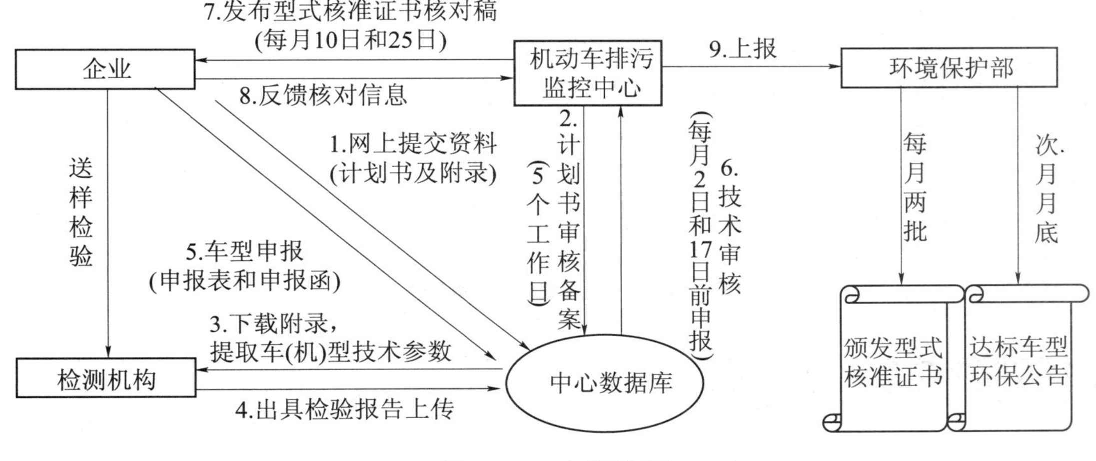

图 4 –5 申报流程

4.5.2 申报过程

申报过程，举例如下：

一、计划书

（一）创建计划书

创建计划书见图 4 –6。

J962-44-068777	第4阶段	YN-4-N1-2013	赵国富	2013-02-28	2013-05-09	申请中	○
J962-64-064972	第4阶段	YN-4-2012	赵国富	2012-07-04	2013-03-01	已备案	○
J962-64-061921	第4阶段	WP-4-2012	赵国富	2012-03-22	2012-03-30	已备案	○
J962-64-061790	第4阶段	YC-4-2012	赵国富	2012-03-20	2012-03-30	已备案	○

图 4 –6 创建计划书

（二）选择类别、执行标准

选择类别、执行标准见图 4 –7。

（三）车型描述

即包含的附录 A，见图 4 –8。

（四）选择质量控制文件

选择质量控制文件见图 4 –9。

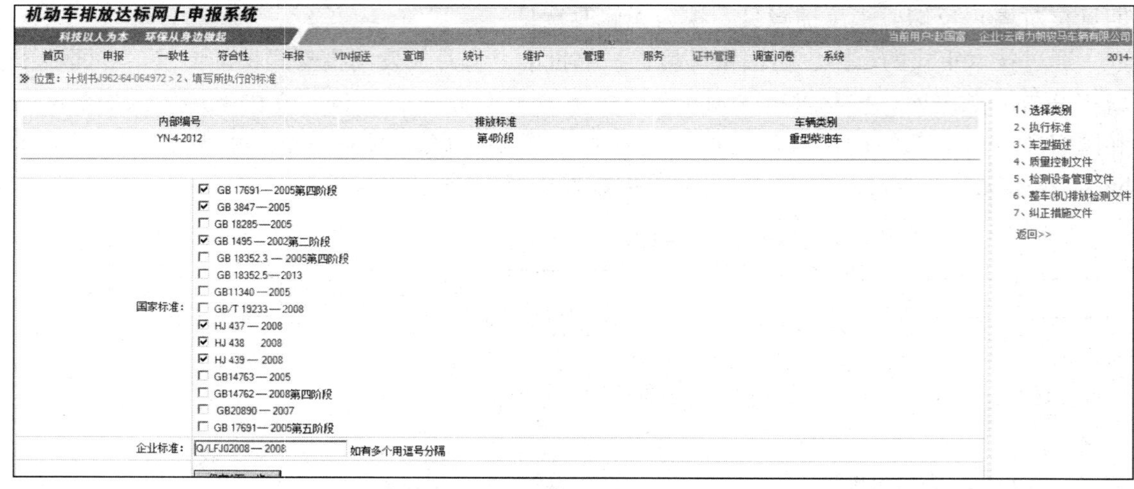

图 4－7　选择类别、执行标准

机动车排放达标网上申报系统

科技以人为本　环保从身边做起　　当前用户:赵国富　企业:云南力帆骏马车辆有限公司

首页　申报　一致性　符合性　年报　VIN报送　查询　统计　维护　管理　服务　证书管理　调查问卷　系统　2014-2

位置：计划书J962-64-064972 > 3、附录A

附录编号	创建人	内部编号	排放标准	车辆类别	创建时间	发送时间	附录状态	选择
J962-64-064972-05	赵国富		第4阶段	重型柴油车	2013-03-18		未备案	○
J962-64-064972-04	赵国富	YN38CRD2-N2	第4阶段	重型柴油车	2013-03-01	2013-03-01	已备案	○
J962-64-064972-03	赵国富	YN38CRD1-N2	第4阶段	重型柴油车	2013-03-01	2014-01-09	已备案	○
J962-64-064972-02	赵国富	YN33CRD2-N2	第4阶段	重型柴油车	2013-03-01	2013-12-31	已备案	○
J962-64-064972-01	赵国富	YN27CRD1-N2	第4阶段	重型柴油车	2012-07-04	2013-12-31	已备案	○

创建附录A　详细　打印附录A　模版创建　下一步

删除

1、选择类别
2、执行标准
3、车型描述
4、质量控制文件
5、检测设备管理文件
6、整车(机)排放检测文件
7、纠正措施文件
返回>>

图 4－8　车型描述

关键部件	相关技术文件号	图纸图号
发动机：	Q/LFQCJ02.4-2004	1000
SCR催化转化器：	Q/LFQCJ02.4-2004	1201
DOC催化转化器：	Q/LFQCJ02.4-2004	1202
POC催化转化器：	Q/LFQCJ02.4-2004	1203
DPF颗粒捕捉器：	Q/LFQCJ02.4-2004	1204
中冷器：	Q/LFQCJ02.4-2004	1119
排气后处理系统：	Q/LFQCJ02.4-2004	1200
空气滤清器：	Q/LFQCJ02.4-2004	1143
进气消声器：	Q/LFQCJ02.4-2004	1136
排气消声器：	Q/LFQCJ02.4-2004	1021
电控单元：	Q/LFQCJ02.4-2004	1050

保存

(a)

图 4－9　选择质量控制文件

外购件采购过程质量控制 相关技术文件号

供应商的选择：Q/LFJMG02.03.5-2004

日常监督：Q/LFJMG02.03.12-2004

采购产品的检验和验证：Q/LFJMG02.03.11-2004

保存

（b）

自制件生产过程质量控制 相关文件号

工序要求：Q/LFG02.02.12-2004

控制方法：Q/LFG02.02.2-2004

在线检验：Q/LFG02.02.9-2004

定期抽检频次和记录：Q/LFG02.02.19-2004

不合格品控制：Q/LFG02.02.4-2004

人员管理：Q/LFG02.02.6-2004

保存

（c）

装配过程质量控制 作业文件号

装配要求：Q/LFG02.02.12-2004

控制方法：Q/LFG02.02.2-2004

在线检验：Q/LFG02.02.9-2004

定期抽检频次和记录：Q/LFG02.02.19-2004

不合格品控制：Q/LFG02.02.4-2004

人员管理：Q/LFG02.02.6-2004

保存&下一步

（d）

图 4－9　选择质量控制文件（续）

（五）检测设备管理文件

检测设备管理文件见图 4－10。

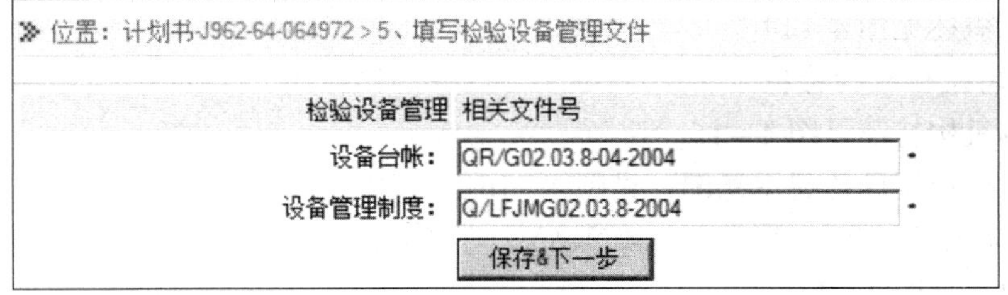

位置：计划书-J962-64-064972 > 5、填写检验设备管理文件

检验设备管理 相关文件号

设备台帐：QR/G02.03.8-04-2004

设备管理制度：Q/LFJMG02.03.8-2004

保存&下一步

图 4－10　检测设备管理文件

（六）填写整车（机）排放检测文件

填写整车（机）排放检测文件见图 4－11。

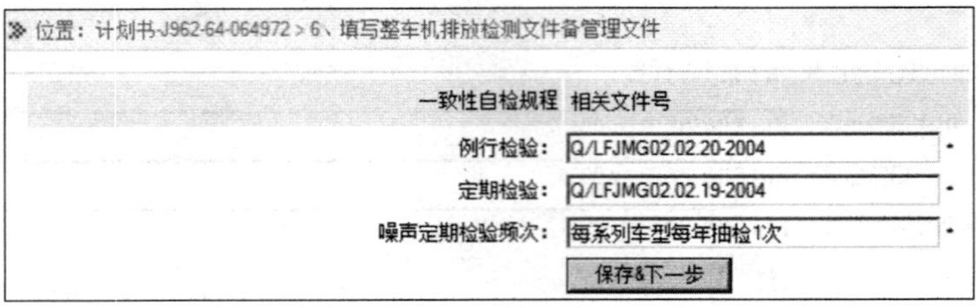

≫ 位置：计划书-J962-64-064972 > 6、填写整车机排放检测文件备管理文件

一致性自检规程　相关文件号

例行检验：Q/LFJMG02.02.20-2004 *

定期检验：Q/LFJMG02.02.19-2004 *

噪声定期检验频次：每系列车型每年抽检1次 *

保存&下一步

图 4－11　填写整车（机）排放检测文件

（七）填写纠正措施文件

填写纠正措施文件见图 4－12。

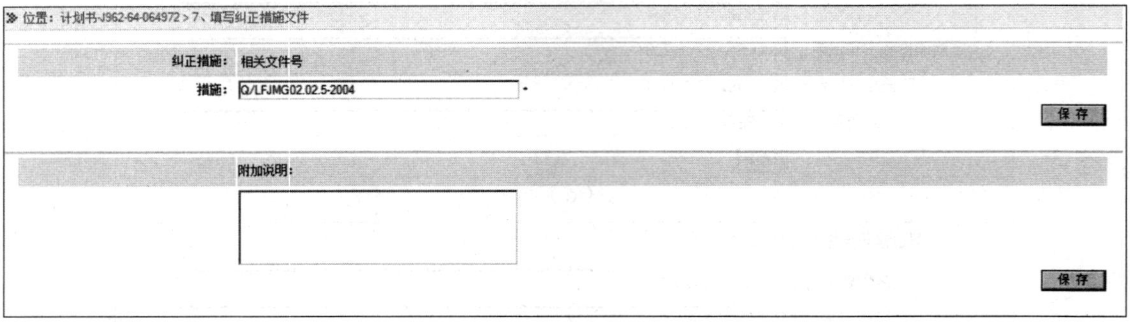

≫ 位置：计划书-J962-64-064972 > 7、填写纠正措施文件

纠正措施：相关文件号

措施：Q/LFJMG02.02.5-2004 *

保 存

附加说明：

保 存

图 4－12　填写纠正措施文件

二、附录 A

（一）创建附录 A

创建附录 A 见图 4－13。

附录编号	创建人	内部编号	排放标准	车辆类别	创建时间	发送时间	附录状态	选择
J962-64-064972-05	赵国富		第4阶段	重型柴油车	2013-03-18		未备案	○
J962-64-064972-04	赵国富	YN38CRD2-N2	第4阶段	重型柴油车	2013-03-01	2013-03-01	已备案	○

图 4－13　创建附录 A

（二）填写车辆概述

填写车辆概述见图 4－14。

（三）填写总体机构特征

填写总体机构特征见图 4－15。

上传的排放控制件位置示意图，见图 4－16。

（四）填写动力系统（整车发动机信息）

填写动力系见图 4－17。

上传的排气系统示意图，见图 4－18。

（五）填写传动系统

填写传动系统见图 4－19。

概 述			
主车型型号：	LFJ3065F4	名称：	自卸汽车
VIN码所在位置：	车架右纵梁前端	车辆分类：	N2
车型的识别方法和位置（整车铭牌）：	整车铭牌装固在驾驶室内右上方		
生产厂名称：	云南力帆骏马车辆有限公司	生产厂地址：	云南省大理市凤仪镇
商标：	力帆	内部编号：	YN38CRD2-N2
混合动力：	否		保 存
扩展车型型号：		名称：	增加
对应底盘信息			
已有底盘型号：	LFJ3065F4	名称：	自卸汽车 删除 修改
底盘型号：	LFJ3065F4	名称： 分类：	自卸汽车 二类
底盘生产厂：	云南力帆骏马车辆有		修改底盘

图 4－14　填写车辆概述

总体机构特征			
典型车辆照片：（右45度） 上传图片		排放控制件位置示意图： 上传图片	
驱动方式：	4×2	驱动轴位置：	第二轴
车辆整备质量：	3360 (kg)	最大总质量(kg)：	5545
最大设计车速：	80 km/h	燃油规格：	柴油0#
座位数：	3	综合油耗：	15.8 L/100km
设计乘员数：	最小 1 -最大 3		
车辆外形尺寸：（长×宽×高）mm（多个以逗号隔开）	6500×2300×2540		
OBD诊断接口位置：	仪表盘下部		保 存

图 4－15　填写总体机构特征

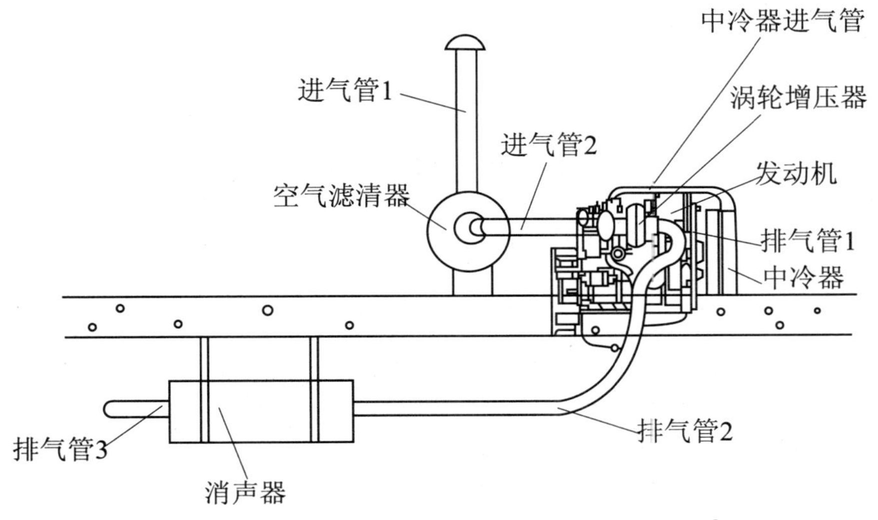

图 4－16　排放控制件位置示意图

当前计划书类别 > 重型柴油车

概 述			
发动机型号：	YN38CRD2	发动机生产厂：	昆明云内动力股份有限公司
工作原理：	直喷压燃式	发动机排量：	3.76 L
最大净功率/转速：	80 kW在 3000 r/min下	汽缸数目：	4
额定功率/转速（kW/r/min）：	85 kW在 3000 r/min下		

进气系统			
进气系统特征：	增压中冷	阻力：	7 kPa
现空气滤清器型号：	KZ133B	生产厂：	成都宁良实业有限公司 修改 删除
空气滤清器型号：	KZ133B	生产厂：	成都宁良实业有
生产厂名称打刻内容：	成都 宁良	或打刻内容图片：上传图片	
现中冷器型号：	1118N08	生产厂：	杨洲群发换热器有限公司 修改 删除
中冷器型号：		生产厂：	
进气消声器型号：		生产厂：	
生产厂名称打刻内容：		或打刻内容图片：上传图片	

（a）

排气系统			
排气系统示意图：上传图片		说明：（如有特殊处可在此说明）	
排气系统背压：	30 kPa	排气系统容积：：	43 L
现排气消声器型号：	3070G1	生产厂：	佛山市力派机车材料有限公司 修改 删除
排气消声器型号：	3070G1	生产厂：	佛山市力派机车
生产厂名称打刻内容：	佛山 力派	或打刻内容图片：上传图片	
排气管型号：	3075F	生产厂：	佛山市力派机车材料有限公司 修改 删除
排气管型号：		生产厂：	
膨胀室型号：		生产厂：	

（b）

图 4－17 填写动力系统

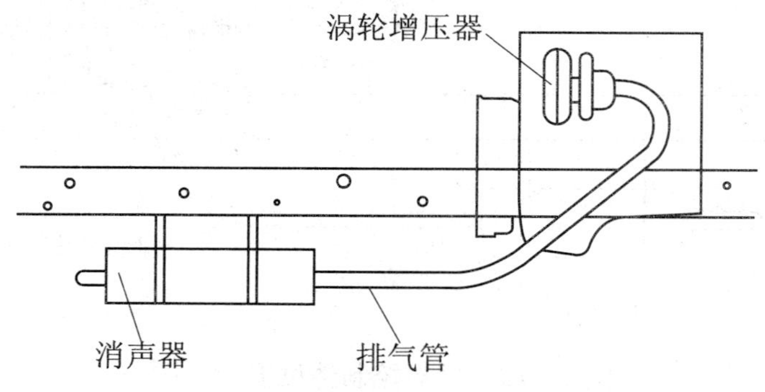

图 4－18 排气系统示意图

传动系			
现有离合器型式:	单片干式	现变速箱型号:	DC6J75T 修改 删除
离合器型式:	单片干式	变速箱型式:	手动
变速箱型号:	DC6J75T	相对于发动机的位置:	后部
主减速器速比:	6.167	变速箱生产厂:	山西大同齿轮
变速箱档位数:	6	变速箱最大扭矩（Nm）:	735
档位	变速箱内部速比	主传动比	总速比
1档:	7.321	6.167	
2档:	4.232		
3档:	2.427		
4档:	1.614		
5档:	1.000		
6档:	0.884		
7档:			
8档:			
9档:			
10档:			
11档:			
12档:			
13档:			
14档:			
15档:			
16档:			
CVT时最大值（仅对无极变速）			
CVT时最小值（仅对无极变速）			
倒档1:	7.313		
倒档2:			
			修改

图 4－19　填写传动系统

（六）填写降噪措施

填写降噪措施见图 4－20。

降噪措施		
现隔音材料:	石棉	修改 删除
隔音材料（发动机舱）:	石棉	
		修改

图 4－20　填写降噪措施

（七）填写悬挂系

填写悬挂系见图 4－21。

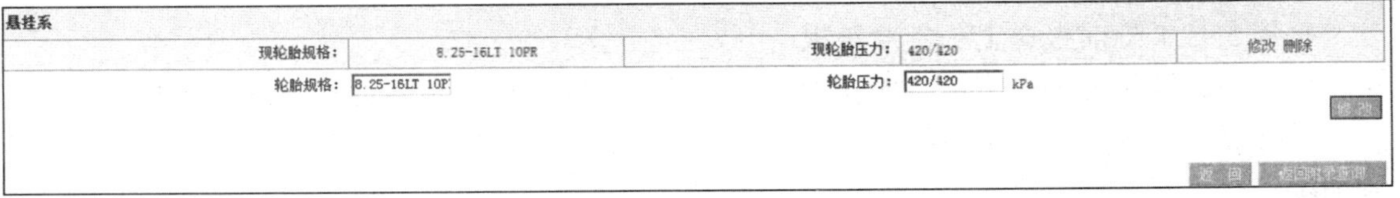

悬挂系			
现轮胎规格:	8.25-16LT 10PR	现轮胎压力:	420/420 修改 删除
轮胎规格:	8.25-16LT 10P	轮胎压力:	420/420 kPa
			修改
			返回 返回时继续...

图 4－21　填写悬挂系

三、申报表

申报表的申报是在检测机构已出具报告并上传后才能进行。

（一）创建申报表

创建申报表见图 4－22。

申报编号	车辆型号/名称	发动机型号/厂家	创建时间	审核日期	状态	创建人	选项
G342-TA6-00258964	LFJ3160G10自卸汽车	WP4.165E40潍坊潍柴道依茨柴油机有限公司	2014-02-16 08:41:21.0	2014-02-19 16:20:54.0	已审核	赵国富	○
G342-TA6-00258963	LFJ5160TPB平板运输车	WP4.165E40潍坊潍柴道依茨柴油机有限公司	2014-02-16 08:40:49.0	2014-02-19 16:25:58.0	已审核	赵国富	○
G342-TA6-00258962	LFJ3055G8自卸汽车	WP4.165E40潍坊潍柴道依茨柴油机有限公司	2014-02-16 08:40:09.0	2014-02-19 16:45:17.0	已审核	赵国富	○
G342-TA6-00258961	LFJ3120G7自卸汽车	WP4.165E40潍坊潍柴道依茨柴油机有限公司	2014-02-16 08:39:29.0	2014-02-19 16:28:24.0	已审核	赵国富	○
G342-TA6-00258960	LFJ3070G5自卸汽车	WP4.165E40潍坊潍柴道依茨柴油机有限公司	2014-02-16 08:38:58.0	2014-02-19 16:39:30.0	已审核	赵国富	○
G342-TA6-00258959	LFJ3070G1自卸汽车	WP4.165E40潍坊潍柴道依茨柴油机有限公司	2014-02-16 08:38:06.0	2014-02-19 16:41:27.0	已审核	赵国富	○

图 4－22　创建申报表

（二）申报参数

就是进行申报表中参数的申报。

四、申报函

（一）创建申报函

创建申报函见图 4－23。

申报函文件号： 状态 所有 日期范围：一年以内 确定搜索

	企业名称	申报函文件号	申请时间	状态	发送人	创建人	选项
1	云南力帆骏马车辆有限公司	LF-4-20140216	2014-02-16 08:49:51.0	已发送	赵国富	赵国富	○
2	云南力帆骏马车辆有限公司	LF-4-20140122	2014-01-22 14:26:22.0	已发送	赵国富	赵国富	○
3	云南力帆骏马车辆有限公司	LF-YN-201304	2013-04-18 10:58:17.0	已发送	赵国富	赵国富	○
4	云南力帆骏马车辆有限公司	LF-4-201303	2013-04-09 14:21:26.0	已发送	赵国富	赵国富	○

共4条 列出第1条到第4条 第1/1页

查看明细 发送申报函 删除申报函

图 4－23　创建申报函

注意：申报函就像一个袋子，要把所申报的申报表都装进去并提交。

（二）提交发送申报函

提交、发送申报函至机动车排污监控中心数据库。

五、环保生产一致性保证季度报告

每季度第一个月的 15 日前报送上一季度的季度报告。

生产一致性季度报告需填写的内容为企业基本信息，包括企业所属类别、填报人及其电话、地区大库地址、负责人、联系人及其电话、环保生产一致性管理负责人及其电话；季度生产销售量和季度生产一致性检查的情况说明，见图 4－24。

六、环保生产一致性年度报告

每年 3 月 1 日前报送上一年度年报。

生产一致性年度报告需填写内容为：企业基本情况概述、车型达到环保标准的情况、生产一致性保证计划书的变更情况、一致性保证计划的实施情况和生产企业试验室检测质量控制情况等。

年度报告填写步骤如下：

（一）填写综述

填写综述见图 4－25。

季度报告（20130176387277-1）

确认您企业所属类别：

- ☑ 自产整车(机)企业：☐ 轻型车企业 ☑ 重型车企业 ☐ 重型车用发动机企业 ☐ 非道路用柴油机企业 ☐ 摩托车企业 ☐ 三轮汽车和低速货车企业 ☐ 三轮汽车和低速货车装用的柴油机企业 ☐ 非道路移动机械用小型点燃式发动机企业
- ☐ 改装汽车企业：☐ 轻型改装车企业 ☐ 重型二类底盘改装车企业 ☐ 重型三类底盘改装车企业
- ☐ 进口车企业：☐ 进口轻型车企业 ☐ 进口重型车企业 ☐ 进口车用发动机企业 ☐ 进口非道路用柴油机企业 ☐ 进口摩托车企业 ☐ 进口非道路移动机械用小型点燃式发动机企业（可多选）

企业填报人：	赵国富	电话：	0872-2494915
地区大库地址：		负责人：	
联系人：	赵国富	电话：	13987266601
环保生产一致性管理负责人：	蒋颜	电话：	15125089598

所属集团公司：无

选择企业所属集团名称，应选最高级别集团名称，如所属集团名称未列出，则需出示书面材料提供集团名称后传真至申报办，审批后添加。
若企业不隶属任何集团，此项选择为"无"。
联系人 马凌云 郝爱民
传真 010-84934896-18

季度生产销售量(进口车企业填进口量)* 3.5吨以下为轻型车、3.5吨以上为重型车

季度	车辆类别	排放阶段	总产量	总销量	总出口量	
二季度	装用压燃式发动机的重型车	国Ⅳ	342	314	0	修改 删除
四季度	装用压燃式发动机的重型车	国Ⅳ	287	266	0	修改 删除
一季度	装用压燃式发动机的重型车	国Ⅳ	239	225	0	修改 删除
三季度	装用压燃式发动机的重型车	国Ⅳ	186	162	0	修改 删除

季度：四季度 车辆类别：装用压燃式发动机的重型车 总产量：287 台 总销量：266 台 总出口量：0 台 排放阶段：国Ⅳ

产量前5名

车机型号	名称	车型产量	出口量
LFJ3120G2	自卸汽车	45 台	0 台
LFJ3068G3	自卸汽车	42 台	0 台
LFJ3068G2	自卸汽车	39 台	0 台
		台	台
		台	台

生产企业整车（发动机）排放检验情况

企业对于本年度内一致性检查的情况说明。（6000字以内）：2013年.公司生产销售车辆均达到排放第四阶段噪声第二阶段限值的要求.所有新定型汽车均达到GB1495第二阶段噪声限值要求。

企业是否有排放试验室：○ 有 ◉ 无

序号	季度	类别	车(机)型

图 4－24 环保生产一致性保证季度报告

(一)综述：

企业基本情况概述（6000字以内）*

云南力帆骏马车辆有限公司座落在大理白族自治州政治经济文化中心的大理市凤仪镇经济开发区,是从事载货汽车、低速载货汽车、拖拉机研发、及零部件生产销售的大型民营企业,是云南省政府重点扶持发展的机动车辆制造企业,是省委、省政府新一轮“倍增行动”计划的十户实施企业之一,是省政府保护的二十户重点民营企业之一。

公司现有职工6500余人,其中拥有中专、大专、本科以上学历职工290人.中高级职称占职工总数的5%.公司拥有总资产22.2亿元、净资产12亿元,主要设备1260台(套).占地面积2689亩,建筑面积15万平方米,拥有自己的车身、车桥等总成和零配件配套企业,具备年产低速载货汽车、汽车24000辆的生产能力。荣获“AAA级”重质量、守信用企业。先后荣获大理州“文明单位”。

公司现有轻、中、重型载货车及低速载货车300余个公告产品应变市场,产品通过国家“3C认证”,主导产品“力帆”“斯卡特”“格奥雷”“凯沃达”牌载货汽车。企业拥有自营进出口权,先后多次出口越南、老挝、柬埔寨等地区。公司先后通过ISO9001:2000质量体系认证。现公告中所有产品车型不仅符合国家各项政策、法规要求,而且全力满足用户需求。公司遍布全国的240多家联销和售后服务网点将竭诚为用户提供满意服务。

车型（发动机）达到环保标准的情况（6000字以内）*

2013年,公司生产销售车辆均达到排放第四阶段噪声第二阶段限值的要求,所有新定型汽车均达到GB1495第二阶段噪声限值要求。

年度生产销售量*

季度	车辆类别	排放阶段	总产量	总销量
二季度	装用压燃式发动机的重型车	国Ⅳ	342	314
四季度	装用压燃式发动机的重型车	国Ⅳ	287	266
一季度	装用压燃式发动机的重型车	国Ⅳ	239	225
三季度	装用压燃式发动机的重型车	国Ⅳ	186	162

季度：一季度 车辆类别：轻型汽油车 总产量：台 总销量：台 排放阶段：国Ⅰ

产量前5名

车机型号	名称	车型产量
		台
		台
		台
		台
		台

图 4－25 填写综述

1. 企业基本情况概述

要求填写企业结构状况、性质、规模、年度经营生产情况和排放有关的质量控制总体情况。

2. 年度生产销售量

要求填写车辆类别、产量、销售量、排放阶段以及每种车类产销量前5名情况。

3. 机型达到环保标准的情况

要求填写已上环保目录的车（机）型，列出车（机）型名称，达到的环保标准和数量。

（二）填写生产一致性保证计划书的变更情况

填写生产一致性保证计划书的变更情况见图4－26。

（二）生产一致性保证计划书的变更情况	
车型（发动机与排放有关的关键部件、控制要求、检测方法和管理文件等的变更和增补情况（6000字以内）	2013年我公司生产一致性保证计划书变更情况没有。 保存

图4－26　填写生产一致性保证计划书的变更情况

要求填写上一年度新增加的生产一致性保证计划书、对原有计划书的补充修改情况、相关质量控制文件的修改情况。

（三）填写一致性保证计划的实施情况

填写一致性保证计划的实施情况见图4－27。

（三）一致性保证计划的实施情况	
1. 关键部件外购件采购过程质量控制实施情况（6000字以内）	首先依据质量体系要求.按照《采购控制程序》对关键零部件的供方进行选择、评定和日常管理.确保了关键零部件的供方有能力稳定地提供满足要求的产品.从源头确保了关键零部件的质量;然后供应部严格按工艺路线实施采购.并由质量部严格按《外购件通用检验标准》对外购关键零部件实施监督验证.确保入库关键件质量合格;最后装车前由作业单位进行复检.确保不合格关键件不装车.通过层层把关.有效地控制了关键部件外购件的采购过程.保证了关键部件的生产一致性
2. 关键部件自制件生产过程质量控制实施情况（6000字以内）	我公司关键部件全部为外购件.无该过程
3. 整车（发动机）装配过程质量控制实施情况（6000字以内）	严格依据工艺文件对影响装配过程质量的工艺参数、人员、设备、检验等因数进行了有效控制:设置了关键工序和主要质量控制点;人员资格认定后方能上岗;按工艺参数要求配置了适宜的生产设备并有计划地进行维护、保养，保证了装配过程能力;按工艺要求配置了适宜的检测设备.对产品特性实施有效监控.保证工艺彻率100%.从而确保整车装配过程质量得到有效控制。
4. 关键部件在线检验和定期抽样检验实施情况（6000字以内）	制定了《关键件检验和确认检验控制程序》.并严格依据检验标准对关键件进行入库检查、上线前复查、定期确认检验.确保了关键件的质量和生产一致性
5. 不合格品控制情况（6000字以内）	根据实际情况修订完善了《不合格品控制程序》文件.进一步明确规定了不合格品处置的职责、权限和控制要求;对返工、返修后的不合格品.进行复检.确保合格后方可转入下道工序;让步放行必须经过相关职能部门审批后方可实施;采取用标识或隔离等措施防止不合格品的非预期使用或音交付。
6. 人员管理情况（6000字以内）*	首先明确规定了与质量活动有关的各类人员职责及相互关系.指定质量负责人并赋予了相应的职责和权限.规定与质量活动有关的各类人员任职要求.并严格按规定对所有与质量活动有关的各类人员进行上岗前的评定.并严格按岗位任职书及时评定其职责履行情况.有针对性地采取培训或其他有效方式保证所有人员满足岗位能力要求。 由人事部保留每位员工的教育、培训、岗位资格认可记录。保证对与活动有关的各类人员进行有效控制
7. 生产过程中出现的生产一致性不符合情况及为恢复产品生产一致性采取的措施（6000字以内）	暂未出现此情况

图4－27　填写一致性保证计划的实施情况

1. 关键部件外购件采购过程质量控制实施情况

要求填写是否按质量控制体系的要求实施、实施过程中采取的控制措施和形成的文件（关键零部件清单、供应商名单和零部件检验报告等）、实施过程中出现的和环保控制有关的问题和采取的纠正措施。

2. 关键部件自制件生产过程质量控制实施情况

要求填写是否按质量控制体系的要求实施、实施过程中采取的控制措施和形成的文件、实施过程中出现的和环保控制有关的问题和采取的纠正措施。

3. 整车（机）装配过程质量控制实施情况

要求填写是否按质量控制体系的要求实施、实施过程中采取的控制措施和形成的文件、实施过程中出现的和环保控制有关的问题和采取的纠正措施。

4. 关键部件在线检验和定期抽样检验实施情况

要求填写关键部件的名称、检验方法、检验频次、检验合格率等。

5. 不合格品控制情况

要求填写是否按照质量体系中对不合格品的控制要求实施、各关键部件和整车的合格率、出现不合格时的处理情况、为了提高合格率采取的改进措施。

6. 人员管理情况

要求填写与排放有关的人员培训和考核等管理情况。

7. 生产过程中出现生产一致性不符合情况及为恢复产品生产一致性采取的措施。

要求填写是否出现生产一致性不符合情况，如有，是什么不符合，造成不符合的原因，采取的纠正措施。

（四）填写生产企业整车（发动机）排放检验情况

填写生产企业整车（发动机）排放检验情况见图 4－28。

(四) 生产企业整车（发动机）排放检验情况

企业对于本年度内一致性检查的情况说明：（6000字以内） 2013年 公司生产销售车辆均达到排放第四阶段噪声第二阶段限值的要求 所有新定型汽车均达到GB1496第二阶段噪声限值要求

企业是否有排放试验室： 有 无

图 4－28 填写生产企业整车（发动机）排放检验情况

填写要求如下：

1. 对于轻型车

主要依据 GB 18352.3—2005 进行生产一致性自检。

2. 对于重型车与发动机

主要依据 GB 17691—2005 进行生产一致性评价。

3. 基本信息填写内容

（1）被测车（机）型号；

（2）被测车（机）型数量；

（3）检测时间；

（4）检测地点；

（5）检测报告编号；

（6）达到的标准；

（7）环保公告的时间；

（8）环保公告号；

（9）型式核准号；

（10）产量；

（11）检验频次；

（12）最大净功率（发动机）。

4．对于轻型车和重型发动机排气污染物自检试验

依据标准每次抽一种型号车（机）3 台做试验，测试值是乘以劣化系数后的值，并且要把劣化系数填写清楚；对于国三和国四的轻型车和重型发动机，要依据公式进行排气污染物标准偏差和统计量计算，然后填写。

（五）填写生产企业试验室检测质量控制情况作业文件号

填写生产企业试验室检测质量控制情况作业文件号见图 4－29。

(五) 生产企业试验室检测质量控制情况作业文件号	
1. 设备检定/校准情况（6000字以内）	为保证测量设备、测量结果的有效性,依据国家标准的测量标准,结合公司测量设备使用的频次和场合,合理规定了测量设备的校准、检定或验证周期,按计划定期或使用前对测量设备进行了校准和检定,对校准合格的测量设备予以标识,防止误用
2. 人员培训、考核情况（6000字以内）	按国家有关规定,结合公司实际情况,制定了计量,检测员任职要求,能力,确认后方可上岗;并通过在职的不断培训等有效措施来提高员工能力,并对采取措施的有效性、及时性评价、考核。
3. 标准物质使用情况（6000字以内）	我公司具有长度三项和压力、扭矩的校准、维修资格,所有标准物质均按国家要求并结合我公司使用情况制订了检定计划,均按计划进行了检定,所有标准物质均在计划有效期内

图 4－29　填写生产企业试验室检测质量控制情况作业文件号

1．设备检定/校准情况

要求填写企业主要的排放检验设备清单，包括设备名称、型号、生产厂、有效期和计量单位等。

2．人员培训、考核情况

要求填写实验室检测人员培训、考核的情况。

3．标准物质使用情况

（1）定义。

标准物质是指具有一种或多种足够均匀和很好的确定了的特性，用以校准测量装置，评价测量方法或给材料赋值的材料或物质。

（2）填写要求。

要求填写企业使用的与环保排放检查有关的标准物质种类、标准物质生产厂、标准物质技术参数、标准物质有效期。

1．简述《环保目录》管理的主要作用。

2．简述《环保目录》的申报流程。

3．《环保目录》有哪些强制性检验标准？

4．如何进行《环保目录》的申报？

5．何为环保生产一致性保证计划书、环保生产一致性保证年度报告、环保生产一致性保证季度报告？

6．国家环保排放阶段标准执行的时间是什么（如国四、国五）？

第五章

《道路运输车辆燃料消耗量达标车型核准》管理

5.1 《道路运输车辆燃料消耗量达标车型核准》管理的主要作用

《道路运输车辆燃料消耗量道标车型核准》，以下简称《交通部油耗公告》。

交通运输部主管全国道路运输车辆燃料消耗量检测和监督管理工作。交通运输部汽车运输节能技术服务中心（以下简称节能中心）作为交通运输部开展道路运输车辆燃料消耗量检测和监督管理工作的技术支持单位。

总质量超过 3 500 千克的道路旅客运输车辆和货物运输车辆的燃料消耗量应当分别满足交通行业标准《营运客车燃料消耗量限值及测量方法》（JT711，以下简称 JT711）和《营运货车燃料消耗量限值及测量方法》（JT719，以下简称 JT719）的要求。不符合道路运输车辆燃料消耗量限值标准的车辆，不得用于营运，不能颁发营运证。

一般每季度发布一批《交通部油耗公告》，在道路运输车辆燃料消耗量检测和监督管理信息服务网（网址：http：//atestsc. mot. gov. cn/pub/index. html）发布，各地交通运输管理所凭此办理营运证。汽车生产企业也在该网上进行车型申报。

5.2 《道路运输车辆燃料消耗量达标车型核准》执行的宏观政策、法规

《道路运输车辆燃料消耗量达标车型核准》执行的宏观政策、法规泛指《交通部油耗公告》管理的依据，是政府行使行业管理职能的依据，主要包括以下几种：

（1）《中华人民共和国节约能源法》。

（2）《中华人民共和国道路运输条例》。

（3）《道路运输车辆燃料消耗量检测和监督管理办法》（2009 年第 11 号令）。

5.3 《道路运输车辆燃料消耗量达标车型核准》执行的强制性检验标准

营运车辆产品，《交通部油耗公告》管理执行的强制性检验标准主要有以下两种：

（1）JT 719—2008《营运货车燃料消耗量限值及测量方法》。

（2）JT 711—2008《营运客车燃料消耗量限值及测量方法》。

5.4 《道路运输车辆燃料消耗量达标车型核准》执行的技术法规、规范性文件

《道路运输车辆燃料消耗量达标车型核准》执行的技术法规、规范性文件泛指交通运输部、节能中心发布的相关法规文件，各汽车生产企业应按要求执行。主要有以下几种：

（1）《道路运输车辆燃料消耗量达标车型变更和视同判定方法（试行）》。

（2）《交通运输部办公厅关于印发〈汽车维修技术信息公开备案工作指南（暂行）〉的通知》（交办运〔2015〕179 号）。

（3）《关于申报道路运输特种车型信息的通知》（交汽节能〔2012〕2 号）。

（4）《关于申报〈道路运输车辆燃料消耗量达标车型农〉的补充通知》（交汽节能〔2012〕021 号）。

（5）《关于进一步明确燃料消耗量达标车型核查工作若干问题的通知》（厅函运〔2011〕154 号）。

（6）《交通运输部　公安部　安全生产监督总局　工业和信息化部关于加强道路运输车辆动态监管工作的通知》（交运发〔2011〕80 号）。

（7）《关于道路运输车辆燃料消耗量检测现场核查记录填写要求的补充规定》（交汽节能〔2012〕14 号）。

（8）《交通部油耗视频要求》。

（9）《关于规范使用检测仪器设备的通知》（交汽节能〔2014〕3 号）。

（10）《关于检验报告相关问题的处理规定（试行）的通知》（交汽节能〔2011〕16 号）。

（11）《关于燃料消耗量达标车型申报材料相关要求的补充通知》（交汽节能〔2011〕74 号）。

（12）《关于变更燃料消耗量检测现场核查记录填写要求的通知》（交汽节能〔2011〕49 号）。

（13）《关于调整“燃料消耗量达标车型”申报与审查时间安排的通知》（交汽节能〔2016〕12 号）。

（14）《关于新增道路运输车辆燃料消耗量检验用场地的通知》（交汽节能〔2016〕11 号）

（15）《交通运输部办公厅　国家发展和改革委员会办公厅　工业和信息化部办公厅　公安部办公厅国家质量监督检验检疫总局办公厅关于印发〈车辆运输车治理工作方案〉的通知》（交办运〔2016〕107 号）。

（16）《交通运输部办公厅　公安部办公厅关于印发〈整治公路货车违法超限超载行为专项行动方案〉的通知》。

以上技术法规、规范性文件，随着文件的新增、调整，也应做相应更新。

5.5 《道路运输车辆燃料消耗量达标车型核准》的申报流程

《交通部油耗公告》申报流程：一般由汽车生产企业在网上进行申请表的填报。(网址：http：//atestsc. mot. gov. cn/pub/index. html）同时委托检测机构进行样车的检测，出具检测报告、核查表、视频，并上传至节能中心，企业准备公告页、佐证材料上传至节能中心，节能中心派专家进行审核，审核通过后，上报交通部，交通部一般每季度发布一批达标车型目录，各地运管所依此颁发营运证。

具体流程见图 5－1。

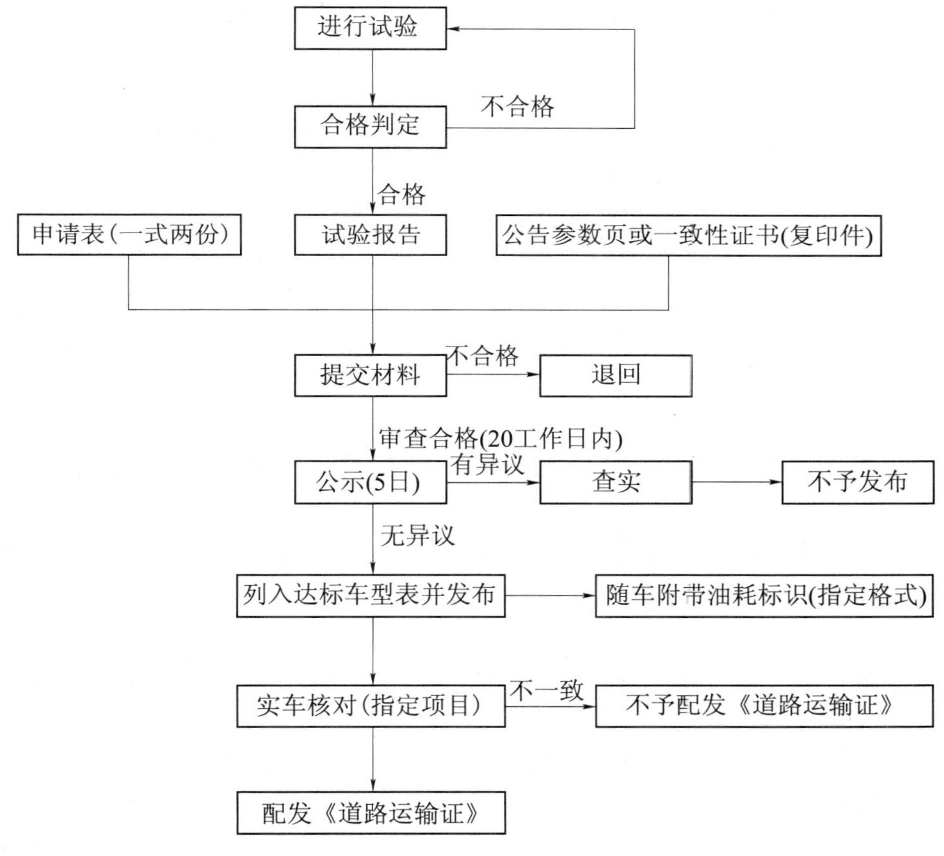

图 5－1 《交通部油耗公告》申报流程

1. 简述《交通部油耗公告》管理的主要作用。
2. 简述《交通部油耗公告》的申报流程。
3. 如何进行《交通部油耗公告》申报?
4. 车型进行《交通部油耗公告》试验要注意什么?
5. 哪些车型应进行《交通部油耗公告》的申报和试验?

第六章

《机动车产品合格证》管理

6.1 《机动车产品合格证》管理的主要作用

《机动车产品合格证》管理，以下简称《合格证管理》，汽车生产企业出厂销售的每辆车随车配发经检验合格的合格证，该合格证是公安部车管部门上牌的主要依据。

目前，《合格证管理》电子信息系统已与国税总局车辆购置税系统、公安车管数据系统、新能源免征系统、车辆销售增值税发票关联系统等形成了信息交换、互动，在车辆后续管理环节发挥了重要的作用，同时《合格证管理》也是车辆生产企业及产品生产一致性管理的重要内容。

《合格证管理》，主要是由国家工业和信息化部归口管理，由中机车辆技术服务中心合格证管理部具体负责。

6.2 《机动车产品合格证》执行的技术法规、规范性文件

《机动车产品合格证》执行的技术法规、规范性文件泛指由国家工业和信息化部、中机车辆技术服务中心合格证管理部、国家税务总局等相关部门发布的与合格证管理有关的法规文件，各汽车生产企业应按要求执行。主要有以下几种：

（1）《关于贯彻落实机动车合格证电子信息补传及企业管理办法备案要求的通知》（中机函〔2016〕182 号）。

（2）《工业和信息化部关于进一步加强汽车生产企业及产品准入管理有关事项的通知》（工信部装〔2016〕95 号）。

（3）《国家税务总局关于机动车电子信息采集和最低计税价格核定有关事项的公告》（国家税务总局公告 2013 年第 36 号）。

（4）《国家税务总局　工业和信息化部关于完善机动车整车出厂合格证信息管理系统加强车辆购置税征收管理和优化纳税服务工作的通知》（国税发〔2012〕107 号）。

（5）国家税务总局　工业和信息化部关于设有固定装置非运输车辆信息采集的公告》（国家税务总局　工业和信息化部公告 2015 年第 96 号）。

（6）《国家发展改革委、公安部关于进一步加强机动车整车出厂合格证管理的通知》（发改产业〔2008〕761 号）。

（7）《国家发展改革委关于维护道路交通安全加强车辆管理的通知》（发改产业

〔2006〕1020 号）。

以上技术法规、规范性文件，随着文件的新增、调整，也应做相应更新。

6.3 《机动车产品合格证》的申报流程

《合格证管理》的申报流程如下：企业按“机动车合格证信息管理系统 V4.0 版打印上传软件”打印文件，48 小时内将电子信息上传至中机车辆技术服务中心合格证管理部，数据连接至公安部数据库和税务总局数据系统，进行数据信息交换，企业对车辆销售增值税发票与合格证信息进行关联，用户在税务局缴纳购置税，车辆上牌。

合格证与用户车辆注册流程关系见图 6－1。合格证与车辆购置税征税流程关系见图 6－2。

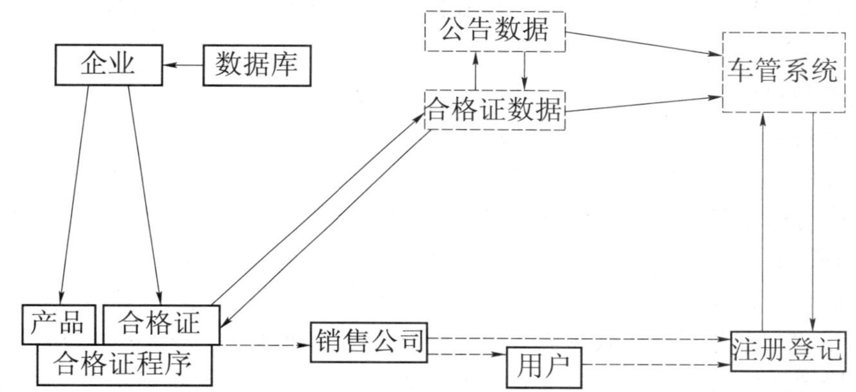

图 6－1　合格证与用户车辆注册流程关系

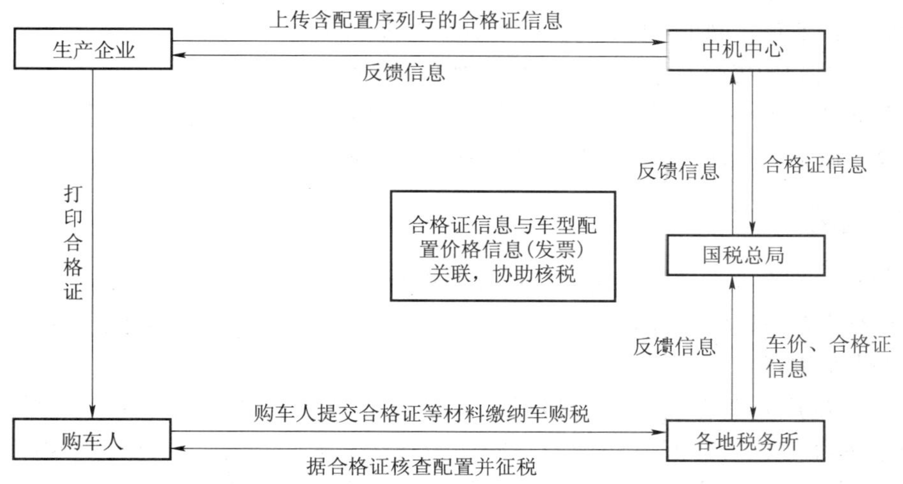

图 6－2　合格证与车辆购置税征税流程关系

6.3.1 机动车合格证信息管理系统4.0版打印上传软件简介

“机动车合格证信息管理系统4.0版打印上传软件”，以下简称“合格证打印上传软件”，是汽车生产企业对经检验合格的车辆打印随车配发的合格证和合格证电子信息上传的一套完善软件，汽车生产企业需安排专人进行操作。

其安装操作步骤流程如下：

（1）用配套光盘安装软件。

（2）双击图标，初始用户名为admin，密码为空。

（3）插入U盾〔先安装U盾驱动程序（光盘配套中有）〕。

（4）进行系统设置。

① 系统设置有三种模式，分别为合格证信息管理系统（标准模式）、合格证打印模式、合格证上传模式。

② 进行打印参数设置（企业代码：数据资源中心发放的4位企业代码，用于打印，如：WEF0）。

③ 上传参数设置。

（a）上传服务器线路（选电信/网通）；

（b）上传代理服务端口（默认：9901）；

（c）上传用户名密码（企业在数据中心领取的，用于上传），如用户名：HX027002U001 密码：lfjmggbscmm2010）。

④ U盾刷新设置（U盾每月都应进行刷新，才能正常操作）。

⑤ 通信设置（如果采用了代理服务器，请咨询本企业网管，进行具体设置）。

（5）注册硬件信息（点击，即可向数据资源中心提交硬件信息备案，只有备案的电脑才能上传，要变更电脑，请见网站说明）。

（6）备案相关信息（在注册硬件信息的同时，还需在合格证管理部网站上填写备案的详细信息，网址：http：//www. vidc. info/）。

（7）随着时间的推进，系统可能需要升级，系统会提示。

（8）经过以上操作，就可进行合格证打印上传操作。可进行新增（正常48小时内）、补传、修改、撤销、查询、U盾升级、基础数据上传等操作。

6.3.2 相关要求

（1）汽车生产企业在首次使用合格证样式或合格证样式发生变化时，应进行合格证样式备案，只有当合格证样式备案后，打印的合格证才能正常使用，备案通过中机中心合格证管理部工作人员进行。

（2）汽车生产企业在利用“合格证打印上传软件”打印合格证时，在输入信息参数时，应输入经转正后的配置序列号。如遇新《公告》，企业应先进行临时配置序列号的申请，利用临时配置序列号输入。只有带有配置序列号的合格证才能正常上传。临时配置序列号的申请、转正配置序列号的查询在网上进行，网址：http：//www. vidc. info/，见图6-3。

中机车辆技术服务中心 合格证管理部

配置信息管理系统

配置信息管理系统用于机动车生产企业申报新增配置信息并获取临时配置序列号.

登录配置信息管理系统

用户名

密码

登录系统

图 6－3　配置序列号申请、查询

（3）车辆一经销售后，企业开具的销售增值税发票应与合格证相关联，机动车生产企业未关联发票信息的合格证电子信息，自规定的时间起，将不能上传至税务总局，后续也就不能正常缴纳购置税、上牌。销售增值税发票与合格证关联操作在网上进行，首先进行发票导出操作，再进行发票导入上传信息操作，然后进行票据与合格证关联操作。网址：http：//www. vidc. info/。操作界面见图 6－4。

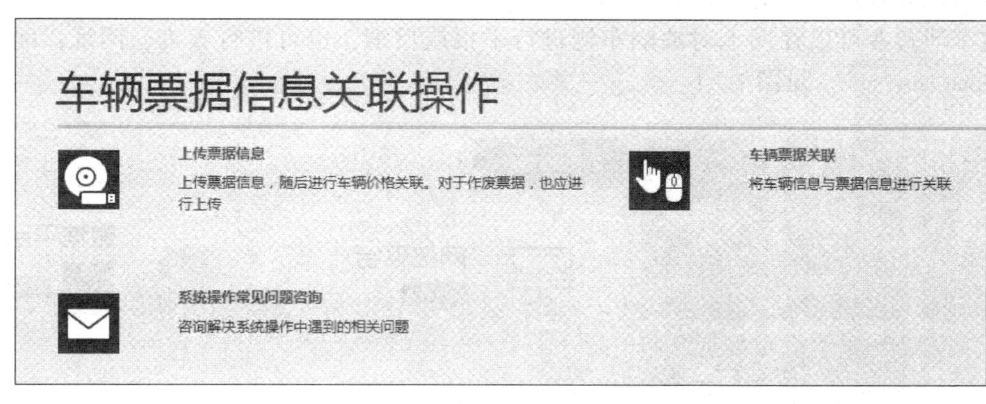

图 6－4　车辆票据信息关联操作

1. 《合格证管理》的主要作用是什么？由哪些部门在管理？
3. 《合格证管理》的流程是什么？
4. 如何进行合格证的打印和上传？
5. 《合格证管理》和哪些管理信息相关？
6. 打印合格证时要注意什么？

第七章

《缺陷汽车产品召回》管理

7.1　《缺陷汽车产品召回》管理的作用

《缺陷汽车产品召回》，以下简称《召回》。

中华人民共和国国务院第626号令《缺陷汽车产品召回管理条例》（以下简称《条例》）已经2012年10月10日国务院第219次常务会议通过，自2013年1月1日起施行。《条例》中明确要求汽车生产者承担信息备案的责任和义务，同时承担质量投诉处理的具体工作。

召回工作具体由国家质检总局委托缺陷汽车产品召回管理中心进行管理，要求企业对批量缺陷汽车产品开展召回工作，并对具体信息备案和质量投诉处理提出要求，对违反《条例》要求的企业提出了明确的处罚措施。

汽车消费者可以在网上对缺陷车辆进行举报或反馈，也可进行查询，网址：http：//www. dpac. gov. cn/。见图7－1。

图7－1　缺陷信息报告系统

汽车生产企业也应在网上通过车企信息平台进行缺陷汽车产品信息的申报与反馈处理。网址：http：//www. dpac. gov. cn/。见图7－2。

汽车三包信息的查询处理也可在该网址进行。

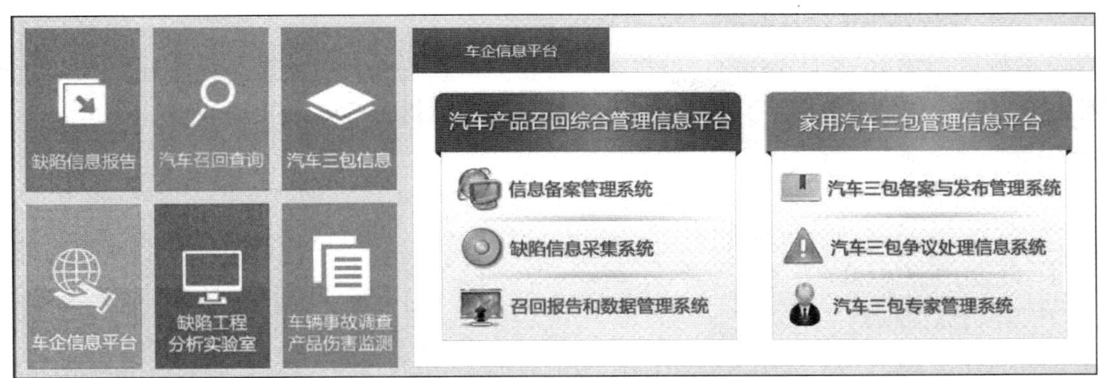

图 7－2　汽车生产企业信息处理系统

7.2　《缺陷汽车产品召回》执行的技术法规、规范性文件

《缺陷汽车新产品召回》执行的技术法规、规范性文件泛指由质检总局或缺陷汽车产品召回管理中心发布的文件，汽车生产企业应按要求执行，有关文件如下：

（1）国家质量监督检验检疫总局发布的《关于对 N 类和 O 类车辆实施召回管理的公告》（2009 年第 24 号）。

（2）《缺陷汽车产品召回管理条例》（中华人民共和国国务院第 626 号令）。

（3）质检总局公布的《新缺陷汽车产品召回管理条例实施办法》（总局令 176 号）。

（4）《国家质检总局缺陷产品管理中心迁址通知》。

（5）《关于更新汽车产品生产者召回报告备案材料模板的通知》（召管字〔2014〕78 号）。

以上技术法规、规范性文件，随着文件的新增、调整，也应做相应更新。

7.3　《缺陷汽车产品召回》的申报流程及申报要求

7.3.1　申报流程

（1）汽车生产企业首先应获得国家质检总局缺陷产品管理中心分配的账号及数字证书介质，如未获得，应先进行注册（网址：http：//www. dpac. gov. cn/zhgl/），提交资料，经审核通过后，获得账号和数字证书。

（2）汽车生产企业通过汽车产品召回综合管理信息平台进行信息备案，只有备案通过后，才能处理其他工作。

（3）汽车生产企业及产品信息备案通过后，通过缺陷信息采集系统、召回报告和数据管理系统进行后续的申报、反馈与处理。

7.3.2　申报要求

汽车生产企业应按照文件要求，进行相关信息的备案和处理工作，具体要求如下：

一、企业应对相关信息备案

《条例》中第10条明确指出，生产者应将相关信息报国家质检总局缺陷汽车产品召回管理中心备案；第22条规定了不履行信息备案责任要承担的法律后果。

相关需要备案的信息有以下几条：

（一）生产者基本信息

如法人、营业执照、组织机构代码等。

（二）汽车产品相关信息

1. 经销商信息

主要包括：企业所有经销商名称、维修站名称、经销商代码、法定代表人、组织机构代码、详细地址、电子邮件、办公电话、服务电话、业务负责人姓名、月平均维修能力、涉及品牌等信息。

2. 车型系列信息

主要包括：品牌、车型系列、车型名称、型号、境外通用名称等信息。

3. 车型基本配置信息

主要包括：车辆类别、外形尺寸、制动类型、是否有ABS、轮胎品牌与规定、维修手册、配件目录、用户使用手册、车辆规格与技术参数等信息。

4. 车主信息

主要包括：每辆车VIN号码、型号、发动机号、生产日期、经销商名称、购买时间、车主姓名、身份证号、固定电话、手机等信息。

5. 技术服务公告（TSB）信息

主要包括：标题、通报类型、编号、总成分类、品牌、车型系列、车型、发布日期、原始文件名称、原始文件上传等。

6. 境外召回说明

主要包括：发布日期、召回开始时间、涉及国家、召回数量、品牌、车型、召回原因、改进措施、市场处理措施、是否涉及中国市场、原始文件上传等。

企业每月25日前对上月汽车产品相关信息进行更新、上报，由缺陷汽车产品召回管理中心审核，如通过，企业会收到管理中心的通过邮件；如没有通过，则要求企业整改，继续上报，直至通过。如逾期未提交上报，下月1日前仍未申报的，其备案工作权限将被停止。

二、质量投诉、召回处理工作

（1）《条例》中明确提出：任何单位和个人都有权向质量监督部门投诉汽车产品存在的缺陷；缺陷汽车产品管理中心向社会公开公布受理投诉的电话、通信地址、电子邮箱等信息；企业如不履行质量投诉处理责任，要承担相应法律后果。

（2）缺陷汽车产品管理中心建立缺陷汽车产品召回管理网络系统，收集、汇总、分析、处理各种有关缺陷汽车产品的信息。

（3）企业应开展质量投诉处理的相关工作，对批量缺陷汽车产品开展召回。并在网络中进行关于质量投诉处理情况进展申报、召回情况申报。

（4）企业只有首先完成第一条相关企业信息、产品信息备案工作，并通过缺陷汽车产品管理中心审核后，才有权限进行网络质量投诉处理以及召回的申报工作。

1.《召回》的主要作用是什么？由哪些部门在管理？

2.《召回》的流程是什么？

3. 汽车生产企业应如何进行召回申报？

4. 社会公众如何查询、投诉召回汽车产品信息？

第八章

《轻型汽车燃料消耗量标示》管理、《乘用车企业平均燃料消耗量》管理

8.1 《轻型汽车燃料消耗量标示》管理

8.1.1 《轻型汽车燃料消耗量标示》管理的作用

2009 年 7 月，工业和信息化部发布了《轻型汽车燃料消耗量标示管理规定》，明确了轻型汽车燃料消耗量检测与申报、标识备案、标示、公布、监督处罚等各项规定。2010 年 1 月，工业和信息化部门户网站开设了“轻型汽车燃料消耗量通告”栏目，建立了我国汽车产品燃料消耗量公示制度。“轻型汽车燃料消耗量通告”的发布得到了社会各界的高度关注和广大消费者的充分肯定。汽车产品燃料消耗量公示制度是实施汽车燃料消耗量评价体系和政策体系的基础，是我国汽车产品节能管理体系的重要组成部分，对于引导节能汽车产品消费，推动汽车产业结构调整、技术进步具有重要意义。

《轻型汽车燃料消耗量标示》归口国家工业和信息化部装备工业司管理，汽车生产企业出厂的轻型汽车产品，必须通过指定的网站申报，网址：http：//www. catarc. org. cn/recordmanager/login. aspx？ReturnUrl = %2frecordmanager%2fdefault. aspx，申报界面见图 8－1。

向国家工业和信息化部装备工业司申报轻型汽车油耗标示，经装备工业司委托专家审核通过后，向社会公布，社会公众可以通过网络查询，查询网址：http：//chinaafc. miit. gov. cn/，查询界面见图 8－2。购买轻型汽车的消费者可以参考、对比各车型的油耗情况，同时也便于政府监督管理。

8.1.2 《轻型汽车燃料消耗量标示》执行的技术法规、规范性文件

《轻型汽车燃料消耗量标示》执行的技术法规、规范性文件泛指由国家工业和信息化部装备工业司发布的文件，各汽车生产企业应按要求执行，主要有以下几种：

（1）《关于调整轻型汽车燃料消耗量标识管理有关要求的通知》（工信部装〔2015〕583 号）。

（2）《工业和信息化部关于进一步加强轻型汽车燃料消耗量通告管理的通知》（工信部装〔2010〕529 号）。

（3）《工业和信息化部关于〈轻型汽车燃料消耗量标示管理规定〉的公告》（工信部装〔2009〕第 50 号）。

以上技术法规、规范性文件，随着文件的新增、调整，也应做相应更新。

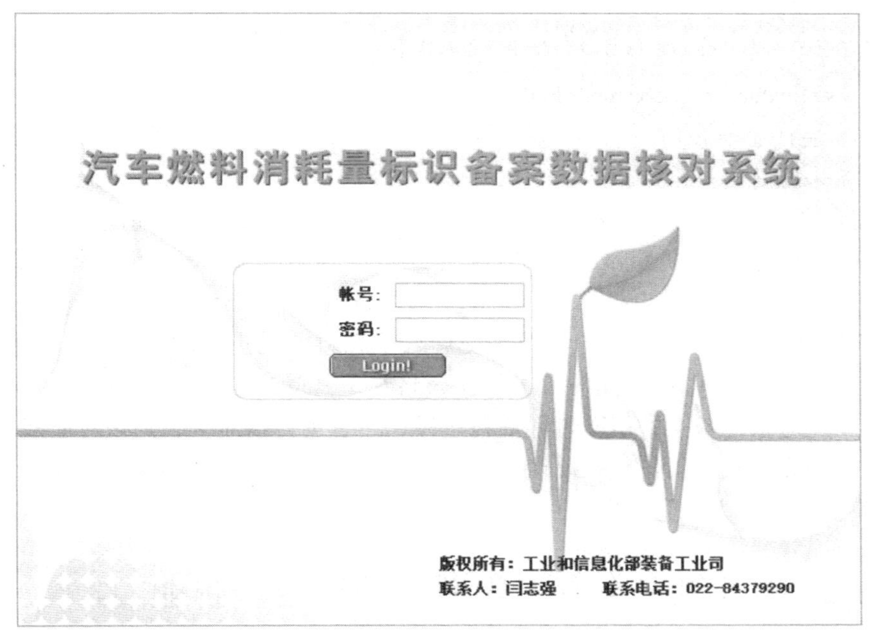

图 8－1　轻型汽车燃料消耗量标示申报

图 8－2　轻型汽车燃料消耗量查询

8.1.3 《轻型汽车燃料消耗量标示》申报流程

（1）汽车生产企业应进行申报注册，获得申报权限，取得用户名、密码。申请开通，申报网址：www. catarc. org. cn/recordmanager。

（2）汽车生产企业在申报前，应委托检测机构进行轻型汽车燃料消耗量检测，并出具检验报告，结果应符合标准限值要求。

① 乘用车产品依据标准：GB 19578—2014《乘用车燃料消耗量限值》。

② 轻型商用车产品依据标准：GB 20997—2007《轻型商用车燃油消耗量限值》。

（3）汽车生产企业进入申报界面后，按要求进行申报。

（4）工业和信息化部（装备工业司）受理汽车燃料消耗量标识备案材料的截止日期为每月 10 日。对在截止日以后提交的备案材料，将在下月受理；每月中旬，工业和信息化部将通知相关企业对报送备案的汽车燃料消耗量标识信息进行核对。收到核对通知的企业，应在 2 个工作日内完成核对工作，并反馈信息，超过时间没有反馈的，则视为无异议；“轻型汽车燃料消耗量通告”原则上每月下旬发布。

8.2 《乘用车企业平均燃料消耗量》管理

8.2.1 《乘用车企业平均燃料消耗量》管理的作用

为进一步完善汽车节能管理制度，实施乘用车企业平均燃料消耗量管理，按照《国务院关于印发节能与新能源汽车产业发展规划（2012—2020 年）的通知》（国发〔2012〕22 号）要求，工业和信息化部、发展改革委、商务部、海关总署、质检总局制定了《乘用车企业平均燃料消耗量核算办法》。逐步降低我国乘用车产品平均燃料消耗量，实现 2015 年和 2020 年我国乘用车产品平均燃料消耗量降至 6. 9 升/100 公里和 5. 0 升/100 公里的目标。

《乘用车企业平均燃料消耗量》管理，归口于国家工业和信息化部装备工业司管理。

8.2.2 《乘用车企业平均燃料消耗量》执行的技术法规、规范性文件

《乘用车企业平均燃料消耗量》执行的技术法规、规范性文件泛指由国家工业和信息化部装备工业司发布的文件，各汽车生产企业应按要求执行，主要有以下几种：

（1）中华人民共和国工业和信息化部、中华人民共和国国家发展和改革委员会、中华人民共和国商务部、中华人民共和国海关总署、国家质量监督检验检疫总局发布的相关文件，如《乘用车企业平均燃料消耗量核算办法》（2013 年 15 号）。

（2）《乘用车燃料消耗量数据报送要求》。

以上技术法规、规范性文件，随着文件的新增、调整，也应做相应更新。

8.2.3 申报流程及要求

一、一车一条燃料消耗量数据报送

（一）报送过程

1. 软件下载

登录工业和信息化部装备工业司网站 http://zbs.miit.gov.cn，下载“汽车燃料消耗量数据管理系统”安装包和“汽车燃料消耗量数据管理系统用户手册”。

2. 本地安装

下载完成后，按照用户手册安装“汽车燃料消耗量数据管理系统”。

3. 本地填报

使用初始用户名密码登录后能够在本地操作。

4. 获取上传账号

企业需提交以下加盖单位公章的纸质材料。

（1）企业基本情况表。

（2）企业工商登记文件和企业营业执照复印件。

（3）企业相关人员从事相关工作委托书，相关人员身份证复制件；

（4）进口经销企业产品代理委托书复印件或进口许可证明复印件。

5. 企业开发接口申请

如企业需自行开发上传软件，在提交获取上传账户材料的同时，提交开发接口开通申请书（需加盖单位公章），申请获取开发标识码和相关技术资料。

企业自主开发上传软件的接口服务地址：http://soap.catarc.info/FuelDataSysSTD.asmx。

6. 实现数据远程传输。

（二）报送要求

1. 报送范围

在中国关境内销售的、最大设计总质量不超过 3 500kg 的乘用车产品，包括能够燃用汽油或柴油燃料的（含非插电式混合动力）的乘用车，以及纯电动、插电式混合动力、燃料电池等新能源乘用车；还包括国产乘用车和进口乘用车，不含出口乘用车。其中，进口乘用车为经中国海关放行、检验检疫机构检验的、通过一般贸易得以进入中国国内市场的乘用车。

2. 在规定时间内上传数据

国产汽车在下线后 48 小时内、进口汽车在通关并完成检验检疫后 48 小时内（节假日顺延）上报燃料消耗量数据。

3. 企业应保证报送数据的真实性

企业可以根据需要进行数据修改、撤销和补传等操作，但相关操作将作为历史记录给予保存。

4. 企业报送数据实施月度（自然月）锁定管理

每月 15 日之前，企业可以对上一个月的数据进行确认，在此期间，可进行修改、撤销和补传等工作。在 15 日之后，对上月数据实施锁定，企业确需进行修改、撤销或补传的，

须提交纸质说明材料，纸质材料须有企业法定代表人签名并加盖单位公章。每年 8 月 1 日为上半年数据修订截止日，每年 2 月 1 日为上一年度数据修订截止日。

二、乘用车企业平均燃料消耗量报告报送

（1）每年 12 月 20 日前，各核算主体应根据年度达标要求向工业和信息化部递交下一年度企业平均燃料消耗量预报告。

（2）每年 8 月 1 日前，各核算主体应向工业和信息化部递交企业平均燃料消耗量中期报告。

（3）每年 2 月 1 日前，各核算主体应向工业和信息化部递交上一年度企业平均燃料消耗量报告。

（4）上一年度所有核算主体的企业平均燃料消耗量情况将于每年 3 月 20 日前公示。

（5）每年 6 月 1 日前，工业和信息化部会同国家发展改革委、商务部、海关总署、质检总局发布上一年度“乘用车企业平均燃料消耗量核算情况报告”，包括生产/进口乘用车产品数量、企业平均燃料消耗量目标值、实际值、达标及排名等情况。

（6）额度的转结与使用。

① 优于或劣于目标值的额度为本年度企业平均燃料消耗量目标值与企业平均燃料消耗量实际值的差额与本年度车型核算基数的积。计算结果四舍五入圆整至整数位。

② 企业平均燃料消耗量实际值优于目标值的核算主体，可将优于目标值的额度结转至下一年度使用。2015 年前，优于目标值的额度是指低于 100% 目标值以下的额度。

③ 结转额度有效期不超过三年。先结转的额度可先使用。

（7）监督管理。

① 工业和信息化部会同国家发展改革委、商务部、质检总局、海关总署建立汽车产品燃料消耗量核查、公示制度，对市场上销售的汽车产品的燃料消耗量进行抽样核查，核查结果向社会公开发布。

② 对报告和核算数据存在不达标问题的企业，要求其说明情况并提交改进方案。未按要求上报燃料消耗量数据的企业，按企业平均燃料消耗量不达标处理。

③ 对发现或有举报并经查实有不按要求报送的，将视情节严重，按国家有关法律、法规予以处理。

习题

1.《轻型汽车燃料消耗量标示》的主要作用是什么？由哪个部门管理？

2.《乘用车企业平均燃料消耗量》的主要作用是什么？由哪个部门管理？

3. 汽车生产企业如何进行《轻型汽车燃料消耗量标示》《乘用车企业平均燃料消耗量》的申报？

4.《乘用车企业平均燃料消耗量》管理的目标是什么？

5.《轻型汽车燃料消耗量标示》《乘用车企业平均燃料消耗量》管理各执行哪些法规文件？

第九章

《新能源汽车免征购置税》管理、《节约能源　使用新能源车船车船税》管理

9.1 《新能源汽车免征购置税》管理

9.1.1 《新能源汽车免征购置税》管理的作用

为促进我国交通能源战略转型、推进生态文明建设、支持新能源汽车产业发展，自2014年9月1日至2017年12月31日，我国对购置的新能源汽车免征车辆购置税。

由工业和信息化部装备工业司归口管理。

对免征车辆购置税的新能源汽车，由工业和信息化部装备工业司、国家税务总局通过发布的《免征车辆购置税的新能源汽车车型目录》（以下简称《目录》）实施管理，由汽车生产企业通过指定网络进行申报，申报网址：http：//nea. catarc. info/Login/Index。由中国汽车技术研究中心数据资源中心提供软件申报技术支持。经审核通过的新能源产品可以免征车辆购置税。

工业和信息化部根据《目录》确定免征车辆购置税的车辆，税务机关据此办理免税手续。

9.1.2 《新能源汽车免征购置税》执行的技术法规、规范性文件

《新能源汽车免征购置税》执行的技术法规、规范性文件泛指由国家工业和信息化部装备工业司、国家税务总局发布的文件，各汽车生产企业应按要求执行，主要指《中华人民共和国财政部、国家税务总局、中华人民共和国工业和信息化部关于免征新能源汽车车辆购置税的公告》（公告2014年第53号）。

此技术法规、规范性文件，随着文件的新增、调整，也应做相应更新。

9.1.3 申报流程及申报要求

一、申报流程

总体来说，汽车生产企业按照以下流程来进行申报，见图9－1。

（一）首次申请提交纸质说明材料

1．首次提交纸质申请资料，正式书面材料（一式三份）

（1）企业基本情况；

（2）企业承诺书；

（3）新能源汽车售后服务网点；

（4）企业工商登记文件复印件；

（5）营业执照复印件；

（6）企业相关人员从事《目录》申报工作的委托书；

（7）《目录》申报人员身份证复印件；

（8）进口经销企业产品代理委托书复印件或进口许可证明复印件。

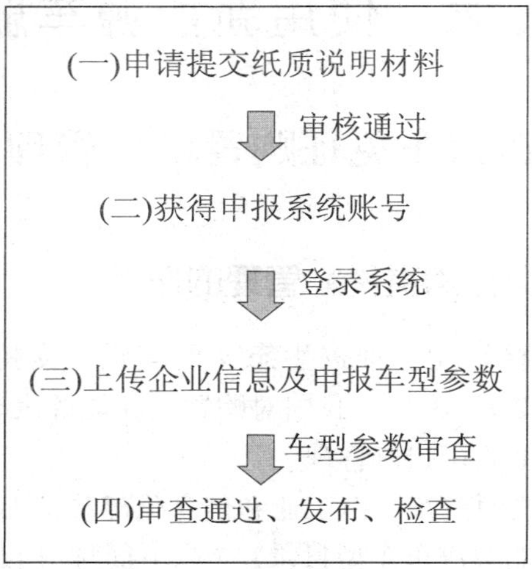

(一)申请提交纸质说明材料
↓ 审核通过
(二)获得申报系统账号
↓ 登录系统
(三)上传企业信息及申报车型参数
↓ 车型参数审查
(四)审查通过、发布、检查

图9－1　免征车辆购置税申报流程

2. 申请资料递交地点

（1）北京卡达克数据技术中心；

（2）北京经济技术开发区博兴六路3号。

（二）审核通过后，获得申报系统账号

（1）登录工业和信息化部“新能源汽车税收优惠目录申报系统”（以下简称“申报系统”）。

（2）提交资料审核通过后，企业获得“申报系统”唯一申报账户（以邮件形式向企业发送账号密码）。

（3）企业获得申报账户后，可登录申报系统，在线填报企业信息和车型信息。

（三）上报企业信息及申报车型参数

“新能源汽车税收优惠目录申报系统”填报信息包含企业信息和车型信息两部分。

首先填报企业信息（与纸质版相同），经审核通过，才能进行车型信息填报。

（四）审查、发布、检查

（1）工业和信息化部会同国家税务总局等部门对企业提交的申请材料进行审查，通过审查的车型列入《目录》，由工业和信息化部、国家税务总局发布。

（2）财政部、国家税务总局、工业和信息化部将适时组织开展《目录》车型专项检查。企业对申报材料的真实性和产品质量负责。

二、申报要求

（一）免征范围

2014年9月1日—2017年12月31日对购置的新能源汽车免征购置税，包括获得公告许可的纯电动汽车、插电式混合动力汽车、燃料电池汽车。

（二）免征方式

由国家工业和信息化部、国家税务总局通过发布《目录》实施管理。

（三）条件

列入《目录》的新能源车，应符合以下条件：

（1）获得许可的纯电动汽车、插电式混合动力汽车、燃料电池汽车。

（2）使用的动力电池不包括铅酸电池。

（3）续驶里程要求，见表9－1。

表9－1 新能源汽车免征购置税续驶里程要求

类别	乘用车	客车	货车	专用车	测试方法
纯电动	≥80	≥150	≥80	≥80	M1、N1类采用工况法，其他暂采用40km/h等速法
插电式（含增程式）混合动力	≥50（工况法） ≥70（等速法）	≥50	≥50	≥50	M1、N1类采用工况法或60km/h等速法，其他暂采用40km/h等速法
燃料电池	≥150	≥150	≥200	≥200	M1、N1类采用工况法，其他暂采用40km/h等速法

注：超级电容、钛酸锂快充纯电动客车无纯电动续驶里程要求。

（4）插电式混合动力乘用车、插电式混合动力商用车综合燃料消耗量与现行的常规燃料消耗量国家标准中对应目标值相比小于60%。

（5）需通过新能源专项检测标准检测，见表9－2。

表9－2 新能源汽车免征购置专项检测标准

序号	标准编号	标准名称
1	GB/T 4094.2—2005	电动汽车操纵件、指示器及信号装置的标志
2	GB/T 18384.1—2001	电动汽车安全要求第1部分：车载储能装置
3	GB/T 18384.2—2001	电动汽车安全要求第2部分：功能安全和故障防护
4	GB/T 18384.3—2001	电动汽车安全要求第3部分：人员触电防护
5	GB/T 18385—2005	电动汽车动力性能试验方法
6	GB/T 18386—2005	电动汽车能量消耗率和续驶里程试验方法

续表

序号	标准编号	标准名称
7	GB/T 18387—2008	电动车辆的电磁场辐射强度的限值和测量方法宽带 9kHz～30MHz
8	GB/T 18388—2005	电动汽车定型试验规程
9	GB/T 18488. 1—2006	电动汽车用电机及其控制器第 1 部分：技术条件
10	GB/T 18488. 2—2006	电动汽车用电机及其控制器第 2 部分：试验方法
11	GB/T 19750—2005	混合动力电动汽车定型试验规程
12	GB/T 19751—2005	混合动力电动汽车安全要求
13	GB/T 19752—2005	混合动力电动汽车动力性能试验方法
14	GB/T 19753—2013	轻型混合动力电动汽车能量消耗量试验方法
15	GB/T 19754—2005	重型混合动力电动汽车能量消耗量试验方法
16	GB/T 19755—2005	轻型混合动力电动汽车污染物排放测量方法
17	GB/T 19836—2005	电动汽车用仪表
18	GB/T 20234. 1—2011	电动汽车传导充电充电连接装置第 1 部分：通用要求
19	GB/T 20234. 2—2011	电动汽车传导充电充电连接装置第 2 部分：交流充电接口
20	GB/T 20234. 3—2011	电动汽车传导充电充电连接装置第 3 部分：直流充电接口
21*	GB/T 24347—2009	电动汽车 DC/DC 变换器
22*	GB/T 24549—2009	燃料电池电动汽车安全要求
23	GB/T 24552—2009	电动汽车风窗玻璃除霜除雾系统的性能要求及试验方法
24*	GB/T 24554—2009	燃料电池发动机性能试验方法
25*	GB/T 26779—2011	燃料电池电动汽车加氢口
26*	GB/T 26990—2011	燃料电池电动汽车车载氢系统技术条件
27*	GB/T 26991—2011	燃料电池电动汽车最高车速试验方法
28	GB/T 27930—2011	电动汽车非车载传导式充电机与电池管理系统之间的通信协议
29	GB/T 28382—2012	纯电动乘用车技术条件

续表

序号	标准编号	标准名称
30 *	GB/T 29126—2012	燃料电池电动汽车车载氢系统试验方法
31 *	GB/T 29307—2012	电动汽车用驱动电机系统可靠性试验方法
32	GB/Z 18333. 2—2001	电动道路车辆用锌空气蓄电池
33	QC/T 741—2006	车用超级电容器
34	QC/T 743—2006	电动汽车用锂离子蓄电池
35	QC/T 744—2006	电动汽车用金属氢化物镍蓄电池
36 *	QC/T 838—2010	超级电容电动城市客车
37 *	QC/T 895—2011	电动汽车用传导式车载充电机
38 *	QC/T 925—2013	超级电容电动城市客车定型试验规程

注：① 序号中加“*”标准实施时间以工业和信息化部《车辆生产企业及产品公告》要求的实施时间为准。

② 本目录将根据新能源汽车标准变化情况进行调整。

（四）企业申报

（1）首先提交纸质资料，获得用户名、密码。

（2）企业通过“新能源汽车税收优惠目录申报系统”申报，申报网址：http://nea. catarc. info/Login/Index。

（3）企业申报条件。

① 生产或进口符合《目录》条件的新能源汽车。

② 对动力电池、电机、电控提供不低于5年或10万公里的质保。

③ 较强的售后服务保障能力。

（五）免税申办

（1）工业和信息化部在机动车合格证电子信息中增加“是否列入《免征车辆购置税的新能源汽车车型目录》”字段。

（2）对列入《目录》的新能源汽车，企业上传机动车整车出厂合格证信息时，在“是否列入《免征车辆购置税的新能源汽车车型目录》”字段标注“是”，即免税标识。

（3）工业和信息化部对企业上传的机动车整车出厂合格证信息中的免税标识进行审核，并将通过审核的信息传送给国家税务总局。

（4）税务机关依据工业和信息化部传送的车辆合格证电子信息中的免税标识，办理免税手续。

9.2 《节约能源　使用新能源车船车船税》管理

9.2.1 《节约能源　使用新能源车船车船税》管理的作用

为促进节约能源、使用新能源的汽车、船舶产业发展，根据《中华人民共和国车船税法》第4条、《中华人民共和国车船税法实施条例》第10条有关规定，经国务院批准，自2012年1月1日起，对节约能源的车船，减半征收车船税；对使用新能源的车船，免征车船税。

对于减免车船税的节约能源、使用新能源车船，由财政部、国家税务总局、工业和信息化部通过联合发布《节约能源　使用新能源车辆（船舶）减免车船税的车型（船型）目录》实施管理。

对于不属于车船税征收范围的纯电动乘用车、燃料电池乘用车，由财政部、国家税务总局、工业和信息化部通过联合发布《不属于车船税征收范围的纯电动燃料电池乘用车车型目录》实施管理。

9.2.2 《节约能源　使用新能源车船车船税》执行的技术法规、规范性文件

《节约能源　使用新能源车船车船税》执行的技术法规、规范性文件泛指由国家工业和信息化部装备工业司、国家税务总局、财政部发布的文件，各汽车生产企业应按要求执行，主要指《关于节约能源　使用新能源车船车船税政策的通知》（财税〔2012〕19号）。

此技术法规、规范性文件，随着文件的新增、调整，也应做相应更新。

9.2.3 申报流程及申报要求

一、申报流程

（一）企业申报阶段

符合认定条件的节约能源、使用新能源的车辆或进口车辆企业，可以向国家工业和信息化部提出列入《节约能源　使用新能源车辆减免车船税的车型目录》《不属于车船税征收范围的纯电动燃料电池乘用车车型目录》的申请。

（二）《目录》审查发布

财政部、税务总局、工信部组织审查，不定期发布《目录》。

（三）监督管理

财政部、税务总局、工信部组织对企业进行专项抽查、处罚、监督管理。

二、申报要求

（一）定义

1. 节能汽车

这是指以内燃机为主要动力系统、综合工况燃料消耗量优于下一阶段目标值的汽车。

2. 新能源汽车

这是指采用新型动力系统，主要或全部使用新型能源的汽车，包括纯电动汽车、插电式混合动力汽车和燃料电池汽车。

3. 纯电动汽车

这是指由电动机驱动，且驱动电能来源于车载可充电蓄电池或其他能量储存装置的汽车。

4. 插电式混合动力汽车

这是指具有一定的纯电动行驶里程，且在正常使用情况下可从非车载装置中获取电能量的混合动力汽车。

5. 燃料电池汽车

这是指以燃料电池为动力源的汽车。

（二）认定标准

1. 节能型乘用车的认定标准

（1）获得许可在中国境内销售的燃用汽油、柴油的乘用车（含非插电式混合动力乘用车和双燃料乘用车）。

（2）综合工况燃料消耗量优于下一阶段目标值。

（3）已通过汽车燃料消耗量标识备案。

2. 节能型商用车的认定标准

另行制定。

3. 新能源汽车的认定标准

（1）获得许可在中国境内销售的纯电动汽车、插电式混合动力汽车、燃料电池汽车，包括乘用车、商用车和其他车辆，动力电池不包括铅酸电池。

（2）插电式混合动力汽车最大电功率比大于30%；插电式混合动力乘用车综合燃料消耗量（不含电能转化的燃料消耗量）与现行的常规燃料消耗量标准中对应目标值相比应小于60%。

（3）插电式混合动力商用车（含轻型、重型商用车）综合工况燃料消耗量（不含电能转化的燃料消耗量）与同类车型相比应小于60%。

（4）通过新能源汽车专项检测，见表9－3。

表9－3　新能源汽车专项检测标准

序号	标准编号	标准名称
1	GB/T 4094.2—2005	电动汽车操纵件、指示器及信号装置的标志
2	GB/T 18384.1—2001	电动汽车　安全要求　第1部分：车载储能装置
3	GB/T 18384.2—2001	电动汽车　安全要求　第2部分：功能安全和故障防护
4	GB/T 18384.3—2001	电动汽车　安全要求　第3部分：人员触电防护
5	GB/T 18385—2005	电动汽车　动力性能　试验方法
6	GB/T 18386—2005	电动汽车　能量消耗率和续驶里程　试验方法

续表

序号	标准编号	标准名称
7	GB/T 18387—2008	电动车辆的电磁场辐射强度的限值和测量方法宽带 9kHz～30MHz
8	GB/T 18388—2005	电动汽车　定型试验规程
9	GB/T 18488.1—2006	电动汽车用电机及其控制器　第1部分：技术条件
10	GB/T 18488.2—2006	电动汽车用电机及其控制器　第2部分：试验方法
11	GB/T 19750—2005	混合动力电动汽车　定型试验规程
12	GB/T 19751—2005	混合动力电动汽车安全要求
13	GB/T 19752—2005	混合动力电动汽车　动力性能　试验方法
14	GB/T 19753—2005	轻型混合动力电动汽车能量消耗量　试验方法
15	GB/T 19754—2005	重型混合动力电动汽车　能量消耗量试验方法
16	GB/T 19755—2005	轻型混合动力电动汽车　污染物排放测量方法
17	GB/T 19836—2005	电动汽车用仪表
18	GB/Z 18333.2—2001	电动道路车辆用锌空气蓄电池
19	QC/T 741—2006	车用超级电容器
20	QC/T 743—2006	电动汽车用锂离子蓄电池
21	QC/T 744—2006	电动汽车用金属氢化物镍蓄电池

习题

1.《新能源汽车免征购置税》的主要作用是什么？由哪些部门管理？

2.《节约能源　使用新能源车船车船税》的主要作用是什么？由哪些部门管理？

3. 汽车生产企业如何进行《新能源汽车免征购置税》《节约能源　使用新能源车船车船税》的申报？

4. 哪些车型可以免征车辆购置税？

5. 哪些车型可以减半车船税？哪些车型不需缴纳车船税？

第十章 2016—2020年《新能源汽车推广应用工程推荐车型目录》补贴管理

10.1 2016—2020年《新能源汽车推广应用工程推荐车型目录》管理的作用

新能源汽车推广应用工作实施以来，销售数量快速增加，产业化步伐不断加快。为保持政策连续性，促进新能源汽车产业加快发展，按照《国务院办公厅关于加快新能源汽车推广应用的指导意见》(国办发〔2014〕35号) 等文件要求，财政部、科技部、工业和信息化部、发展改革委（以下简称四部委）将在2016—2020年继续实施新能源汽车推广应用补助政策。

四部委在全国范围内开展新能源汽车推广应用工作，中央财政对购买新能源汽车给予补助，实行普惠制。

10.2 2016—2020年《新能源汽车推广应用工程推荐车型目录》执行的技术法规、规范性文件

2016—2020年《新能源汽车推广应用工程推荐车型目录》执行的技术法规、规范文件泛指由国家工业和信息化部装备工业司、财政部、科技部、发改委发布的文件，各汽车生产企业应按要求执行，主要有以下两种：

(1) 四部门《关于2016—2020年新能源汽车推广应用财政支持政策的通知》(财建〔2015〕134号)。

(2)《关于开展2016—2020年（新能源汽车推广应用工程推荐车型目录）申报工作的通知》(中机函〔2015〕467号)。

以上技术法规、规范性文件，随着文件的新增、调整，也应做相应更新。

10.3 2016—2020年《新能源汽车推广应用工程推荐车型目录》申报流程及申报要求

10.3.1 申报流程

(1) 企业通过网上申报系统提交《新能源汽车推广应用工程推荐车型目录》申请书并

邮寄（一式两份）。

（2）中机中心受理企业申请书后，开通相关企业的推荐车型申报系统，企业可通过申报系统提交推荐车型的申报资料。

（3）中机中心受理推荐车型申报资料后，进行相关技术审查工作。

（4）中机中心定期将审查结果上报工业和信息化部，按批次发布。

10.3.2 申报要求

一、前提

登录《新能源汽车推广应用工程推荐车型目录》车型的前提是，该车型首先应获得《车辆生产企业及产品公告》。

二、补贴对象

补助对象是消费者。新能源汽车生产企业在销售新能源汽车产品时，按照扣减补助后的价格与消费者进行结算，中央财政按程序将企业垫付的补助资金再拨付给生产企业。

三、补助产品

中央财政补助的产品是纳入《新能源汽车推广应用工程推荐车型目录》（以下简称《推荐车型目录》）的纯电动汽车、插电式混合动力汽车和燃料电池汽车。

四、补助标准

补助标准主要依据节能减排效果，并综合考虑生产成本、规模效应、技术进步等因素逐步退拨。2016 年各类新能源汽车补助标准见附件 1 的要求。2017—2020 年除燃料电池汽车外，其他车型补助标准适当退拨，其中，2017—2018 年补助标准在 2016 年基础上下降 20%，2019—2020 年补助标准在 2016 年基础上下降 40%。

五、对企业和产品的要求

（一）新能源汽车生产企业应具备较强的研发、生产和推广能力

应向消费者提供良好的售后服务保障，免除消费者后顾之忧；纳入中央财政补助范围的新能源汽车产品，应具备较好的技术性能和安全可靠性。

（二）产品性能稳定并安全可靠

纳入中央财政补助范围的新能源汽车产品应符合新能源汽车纯电动续驶里程等技术要求，应通过新能源汽车专项检测，符合新能源汽车相关标准。其中，插电式混合动力汽车还需符合相关综合燃料消耗量要求。纳入中央财政补助范围的新能源汽车产品技术要求见附件 2。

（三）售后服务及应急保障完备

新能源汽车生产企业要建立新能源汽车产品质量安全责任制，完善售后服务及应急保障体系，在新能源汽车产品销售地区建立售后服务网点，及时解决新能源汽车技术故障。

（四）加强关键零部件质量保证

新能源汽车生产企业应对消费者提供动力电池等储能装置、驱动电机、电机控制器

质量保证，其中乘用车生产企业应提供不低于 8 年或 12 万公里（以先到者为准，下同）的质保期限，商用车生产企业（含客车、专用车、货车等）应提供不低于 5 年或 20 万公里的质保期限。汽车生产企业及动力电池生产企业应承担动力电池回收利用的主体责任。

（五）确保与《车辆生产企业及产品公告》保持一致

新能源汽车生产企业应及时向社会公开车辆基本性能信息，并保证所销售的新能源汽车与《车辆生产企业及产品公告》及《推荐车型目录》内产品一致。

六、资金下达

（一）年初预拨补助资金

每年 2 月底前，生产企业将本年度新能源汽车预计销售情况通过企业注册所在地财政、科技、工信、发改部门（以下简称四部门）申报，由四部门负责审核并于 3 月底前逐级上报至四部委。四部委组织审核后按照一定比例预拨补助资金。

（二）年度终了后进行资金清算

年度终了后，2 月底前，生产企业提交上年度的清算报告及产品销售、运行情况，包括销售发票、产品技术参数和车辆注册登记信息等，按照上述渠道于 3 月底前逐级上报至四部委。四部委组织审核并对补助资金进行清算。

七、处罚要求

各地要科学制定地方性扶持政策，进一步加大环卫、公交等公益性行业新能源汽车的推广支持力度，和中央财政支持政策形成互补和合力，加快完善新能源汽车应用环境。四部委将加强对新能源汽车推广情况的监督、核查。有下列情形之一的，四部委将视情节给予通报批评、扣减补助资金、取消新能源汽车补助资格、暂停或剔除《推荐车型目录》中有关产品等处罚措施。

（1）提供虚假技术参数，骗取产品补助资格的。

（2）提供虚假推广信息，骗取财政补助资金的。

（3）销售产品的关键零部件型号、电池容量、技术参数等与《公告》产品不一致的。

八、补贴期限要求

本政策实施期限是 2016—2020 年，四部委将根据技术进步、产业发展、推广应用规模、成本变化等因素适时调整补助政策。

对地方政府的新能源汽车推广要求和考核奖励政策，将另行研究制定。

九、企业申报要求

（1）中机中心负责组织《新能源汽车推广应用工程推荐车型目录》申报工作。

（2）汽车生产企业通过网上申报系统进行申报，《新能源汽车推广应用工程推荐车型目录》申报系统网址：http：//gonggao. org. cn：18082/NERDS/login/login. action。

申报资料应包括以下几种：

① 企业承诺书；

②《新能源汽车推广应用工程推荐车型目录》申请书；

③ 车辆主要技术参数表；

④ 产品检测项目统计表；

⑤ 其他证明资料。

1．2016—2020 年《新能源汽车推广应用工程推荐车型目录》的主要作用是什么？由哪些部门管理？

2．汽车生产企业如何进行《新能源汽车推广应用工程推荐车型目录》的申报？

3．列入《新能源汽车推广应用工程推荐车型目录》车型的补贴标准是什么？期限是什么？

4．《新能源汽车推广应用工程推荐车型目录》管理对企业和产品的要求有哪些？

2016 年新能源汽车推广应用补助标准

一、纯电动乘用车、插电式混合动力（含增程式）乘用车推广应用补助标准

车辆类型	纯电动续驶里程 R（工况法）（公里）			
	$100 \leqslant R < 150$	$150 \leqslant R < 250$	$R \geqslant 250$	$R \geqslant 50$
纯电动乘用车	2.5	4.5	5.5	/
插电式混合动力乘用车（含增程式）	/	/	/	3

二、纯电动、插电式混合动力等客车推广应用补助标准

车辆类型	单位载质量能量消耗量 [E_{kg}, Wh/（km·kg）]	标准车（10 米 < 车长 ≤12 米） 纯电动续驶里程 R（等速法）（公里）					
		$6 \leqslant R < 20$	$20 \leqslant R < 50$	$50 \leqslant R < 100$	$100 \leqslant R < 150$	$150 \leqslant R < 250$	$R \geqslant 250$
纯电动客车	$E_{kg} \leqslant 0.25$	22	26	30	35	42	50
	$0.25 \leqslant E_{kg} < 0.35$	20	24	28	32	38	46
	$0.35 \leqslant E_{kg} < 0.5$	18	22	24	28	34	42
	$0.5 \leqslant E_{kg} < 0.6$	16	18	20	25	30	36
	$0.6 \leqslant E_{kg} < 0.7$	12	14	16	20	24	30
插电式混合动力客车（含增程式）		/	/	20	23	25	

注：上述补助标准以 10～12 米客车为标准车给予补助，其他长度纯电动客车补助标准按照上表单位载质量能量消耗量和纯电动续驶里程划分，插电式混合动力客车（含增程式）补助标准按照上表纯电动续驶里程划分。其中，6 米及以下客车按照标准车 0.2 倍给予补助；6 米 < 车长 ≤8 米客车按照标准车 0.5 倍给予补助；8 米 < 车长 ≤10 米客车按照标准车 0.8 倍给予补助；12 米以上、双层客车按照标准车 1.2 倍给予补助。

三、纯电动、插电式混合动力（含增程式）等专用车、货车推广应用补助标准按电池

容量每千瓦时补助 1 800 元，并将根据产品类别、性能指标等进一步细化补贴标准。

四、燃料电池汽车推广应用补助标准

万元/辆

车辆类型	补助标准
燃料电池乘用车	20
燃料电池轻型客车、货车	30
燃料电池大中型客车、中重型货车	50

纳入中央财政补助范围的新能源汽车产品技术要求

一、新能源汽车纯电动续驶里程要求

km

类别	乘用车	客车	货车	专用车	测试方法
纯电动	≥100	≥150	≥80	≥80	M1、N1 类采用工况法，其他暂采用 40km/h 等速法
插电式混合动力（含增程式）	≥50（工况法） ≥70（等速法）	≥50	≥50	≥50	M1、N1 类采用工况法或 60km/h 等速法，其他暂采用 40km/h 等速法
燃料电池	≥150	≥150	≥200	≥200	M1、N1 类采用工况法，其他暂采用 40km/h 等速法

注：① 超级电容、钛酸锂等纯电动快充客车不按上表续驶里程要求执行。

② M1 类是指包括驾驶员座位在内，座位数不超过九座的载客车辆。

N1 类是指最大设计总质量不超过 3 500kg 的载货车辆。

二、纯电动乘用车最高车速要求

纯电动乘用车 30 分钟最高车速应不低于 100km/h。

三、插电式混合动力汽车综合燃料消耗量要求

1. 插电式混合动力乘用车综合燃料消耗量（不计电能消耗量）与现行的常规燃料消耗量国家标准中对应目标值相比小于 60%。

2. 插电式混合动力商用车（含货车、客车）燃料消耗量（不含电能转化的燃料消耗量）与现行的常规燃料消耗量国家标准中对应限值相比小于 60%。